Qu'apprend-on à l'école maternelle ?

ISBN : 978-2-37448-262-0

Préface

Depuis la rentrée 2019 et la loi Pour une école de la confiance, l'instruction est obligatoire en France dès trois ans et non plus six ans. Ce choix vient souligner l'importance décisive des apprentissages de l'enfant entre trois et six ans pour préparer ses réussites futures. Cette extension de la scolarité obligatoire a été possible parce que nous avons en France une belle et longue tradition de scolarisation précoce incarnée par l'école maternelle.

L'école maternelle occupe une place tout à fait particulière dans le système éducatif français. Elle accueille de jeunes enfants, tout juste sortis de la petite enfance, les aide à grandir, à s'épanouir, à devenir des élèves. À l'école maternelle, les élèves progressent dans la maîtrise du langage, découvrent les nombres et leurs utilisations, apprennent les règles de la vie en société, et se préparent, en grande section, aux apprentissages fondamentaux de l'école élémentaire. Quel chemin d'autonomie et de maturité en trois ans ! À ce titre, l'école maternelle est un véritable tremplin pour une scolarité réussie.

Cela est possible grâce à la compétence, l'engagement et la bienveillance des professeurs, épaulés par les agents territoriaux spécialisés des écoles maternelles (ATSEM). Ensemble, ils développent des formes d'apprentissages singulières fondées sur le jeu, la manipulation, l'exercice, la mémorisation ou encore la résolution de problème. Ainsi, ils transmettent aux enfants la joie d'aller à l'école et le bonheur d'apprendre.

Avec les directeurs, les professeurs et les ATSEM, les parents ont un rôle à jouer pour accompagner les premiers pas de leur enfant dans l'école. Cet ouvrage les aidera dans cette mission. En effet, il propose tout d'abord un guide pratique, qui apporte des réponses concrètes aux questions que peuvent se poser celles et ceux dont les enfants entrent à l'école maternelle. Ensuite, l'ouvrage présente les domaines d'apprentissage de l'école maternelle ainsi que les résumés de deux guides récemment mis à disposition des professeurs pour les aider dans la mise en œuvre de deux des objectifs pédagogiques essentiels de l'école maternelle : l'enseignement du vocabulaire et la préparation de l'apprentissage de la lecture et de l'écriture.

La maternelle est inévitablement une « école du langage » et à ce titre une « école de la vie ». ■

Jean-Michel Blanquer

Sommaire

Première partie | Guide pratique

1. LES TEMPS DE L'ÉCOLE MATERNELLE

En France, l'instruction est obligatoire pour les enfants des deux sexes, français et étrangers, de 3 à 16 ans.

Précédemment fixé à 6 ans, le début de l'instruction obligatoire a été abaissé à 3 ans par la loi pour l'École de la confiance adoptée en juillet 2019. Les élèves étudient successivement :

- à l'école **maternelle** ;
- à l'école **élémentaire** ;
- au **collège** ;
- puis, dans leur très grande majorité, au **lycée**.

Les enfants entrent à l'école maternelle l'année de leurs 3 ans[1].

Les enfants de moins de 3 ans peuvent être accueillis à l'école maternelle, prioritairement dans les écoles situées dans un environnement social défavorisé.

À l'issue de l'école maternelle, les élèves intègrent dans l'année de leurs 6 ans le cours préparatoire (CP) au sein de l'école élémentaire.

Dans les territoires qui concentrent le plus de difficultés, les écoles de l'éducation prioritaire mettent en œuvre des dispositions spécifiques pour réduire les inégalités scolaires.

1 L'école maternelle peut être publique ou privée. Les écoles privées sous contrat d'association suivent les mêmes programmes que l'école publique tout en mettant en œuvre la singularité de leur projet. Certains dispositifs présentés dans ce guide pratique peuvent se présenter de manière différente selon le statut de l'école.

A. Les différentes années

L'école maternelle comprend 3 niveaux successifs : petite section, moyenne section, grande section.

Ces 3 niveaux forment le « cycle 1 » de la scolarité obligatoire.

L'année scolaire se déroule de septembre à juillet. L'année scolaire 2020-2021 débute le 1er septembre 2020 et s'achève le 6 juillet 2021.

B. Périodes de cours | Vacances scolaires

Les périodes de cours sont entrecoupées de **vacances scolaires**.

Les dates des **vacances scolaires de la Toussaint et de Noël** sont les mêmes pour l'ensemble du territoire.

Les dates des **vacances d'hiver et de printemps** diffèrent selon les zones géographiques.

À l'école maternelle, la semaine scolaire comprend 24 heures d'enseignement (864 heures à l'année). Elle est organisée sur 4 ou 4,5 jours, selon la commune.

Selon les organisations retenues localement, **la journée à l'école maternelle** débute généralement autour de 8 h 30. Elle s'achève généralement autour de 16 h 00 (autour de 12 h 00 le mercredi matin). La journée comprend des récréations et une pause déjeuner.

À l'école maternelle, le déroulement de la journée est conçu dans le respect du rythme biologique des enfants. Les plus petits sont invités à faire une sieste en début d'après-midi.

Les enfants peuvent également être accueillis le matin avant le début des cours et en fin de journée, pendant 1 à 2 heures après la fin des cours. Ces temps périscolaires sont organisés par la municipalité. Des activités artistiques, sportives et ludiques..., sont proposées aux enfants.

Les communes organisent également des accueils de loisirs dans les écoles le mercredi matin et/ou après-midi et pendant les vacances. ■

2. LES LIEUX DE L'ÉCOLE MATERNELLE

La salle de classe : à l'école maternelle, la quasi-totalité des enseignements se déroulent dans la même salle de classe.

La cour est l'espace, au sein de l'école, où se rendent les élèves à l'occasion des récréations. Plusieurs fois par jour, ils peuvent y jouer sous la surveillance des adultes de l'école. La cour peut aussi accueillir les activités physiques et sportives qui se déroulent à l'air libre.

Le dortoir est l'espace où les élèves les plus jeunes (petite section) se reposent après le déjeuner.

La cantine scolaire est l'espace où les élèves déjeunent. Le service de restauration scolaire est assuré par la commune. Les parents qui le souhaitent ont la possibilité de récupérer leur enfant pendant la pause méridienne et de le faire déjeuner à l'extérieur de l'école.

Les sorties et voyages scolaires

Les élèves peuvent être amenés à sortir de l'école de manière régulière ou occasionnelle pour des activités culturelles (bibliothèque, cinéma, théâtre...) ou sportives (piscine).

Les sorties effectuées pendant les horaires de classe sont obligatoires et, à ce titre, gratuites. Les autres sont facultatives. Les parents peuvent être sollicités pour accompagner les sorties scolaires.

Les sorties doivent être autorisées par le directeur d'école.

Les sorties qui comprennent une nuitée doivent être autorisées par le directeur académique des services de l'Éducation nationale. ■

3. LES ACTEURS DE L'ÉCOLE MATERNELLE

Le professeur des écoles a la responsabilité de sa classe tout au long de l'année. Il est le premier interlocuteur des familles pour les questions liées aux apprentissages et à la scolarité des enfants. Il est recruté et formé par l'Éducation nationale. Les professeurs nouvellement recrutés n'enseignent qu'une partie de leur temps, le reste étant consacré à se former. Les professeurs de l'école se réunissent au sein du conseil des maîtres.

Le directeur anime l'équipe des professeurs. Lui-même professeur des écoles, il peut, selon la taille de l'école, avoir la responsabilité d'une classe ou être partiellement ou totalement déchargé d'enseignement. Il veille au bon fonctionnement de l'école et préside le conseil d'école. Le directeur procède à l'admission des élèves inscrits par le maire. Il organise l'accueil et la surveillance des élèves au sein de l'école. Avec les professeurs, il informe les familles et répond à leurs interrogations.

Les acteurs médico-sociaux (médecin, infirmier et assistant de service social) accompagnent les élèves et leurs familles pour faire face aux besoins sociaux ou de santé. Ils assurent des actions de prévention.

Le psychologue de l'Éducation nationale conseille les professeurs et les familles pour répondre aux besoins des enfants. Le travail se fait en lien avec les parents. Il participe au réseau d'aides spécialisées aux élèves en difficulté (RASED) (voir Les aides à l'école maternelle).

L'ATSEM (agent territorial spécialisé des écoles maternelles) est un professionnel de la petite enfance, recruté par la mairie, qui assiste le professeur dans sa classe tout au long de la journée. Il peut aussi participer à la surveillance de la cour, de la cantine et intervenir dans le cadre du temps périscolaire.

L'AESH (accompagnant des élèves en situation de handicap) accompagne l'élève en situation de handicap dans les gestes de la vie quotidienne, dans ses apprentissages, ainsi que dans ses relations avec les enfants et les adultes de l'école. Les missions de l'AESH sont précisées dans le projet personnalisé de scolarisation de l'élève mis au point pour chaque élève en situation de handicap (voir La scolarisation des élèves en situation de handicap). Un AESH peut accompagner un ou plusieurs élèves en situation de handicap.

L'animateur prend en charge un groupe d'enfants pendant les temps périscolaires et extra-scolaires (matin, pause déjeuner, fin de journée, mercredi ou pendant les vacances) et anime leurs activités.

La commune inscrit les élèves dans les écoles. Elle a la responsabilité des bâtiments des écoles publiques, maternelles et élémentaires de son territoire. Elle en assure l'entretien et les réparations. Elle organise également les temps périscolaires et extra-scolaires ainsi que le service de cantine. Elle est l'employeur des ATSEM, des animateurs, des personnels chargés de la cantine ou de l'entretien. Dans les écoles publiques, la commune organise un service minimum d'accueil des élèves en cas de grève des professeurs[1].

L'inspecteur de l'Éducation nationale a la responsabilité des écoles de sa circonscription. Il est le supérieur hiérarchique des professeurs des écoles. Il assure l'animation pédagogique des équipes de directeurs et de professeurs.

Le directeur académique des services de l'Éducation nationale représente le recteur d'académie dans le département. Il met en œuvre la stratégie académique dans les écoles, collèges et lycées. Il peut être assisté par un ou plusieurs adjoints.

Le recteur d'académie assure la responsabilité du système éducatif dans une académie.

Le ministère de l'Éducation nationale fixe les programmes scolaires, l'organisation et le fonctionnement des écoles, des collèges et des lycées (nombre d'heures d'enseignement, vacances scolaires, etc.). ■

---

1 Si le taux de professeurs grévistes déclarés est inférieur à 25 %, c'est l'État qui organise l'accueil des élèves. Dans les écoles privées sous contrat, l'accueil est organisé par l'organisme gestionnaire de l'école.

4. LE RÔLE DES PARENTS À L'ÉCOLE MATERNELLE

Les parents sont membres de la communauté éducative et sont, à ce titre, informés de la vie de l'école et du déroulement de la scolarité de leur enfant. Leur premier interlocuteur est le professeur de leur enfant. Ils peuvent également s'adresser au directeur de l'école ou à l'inspecteur de l'Éducation nationale.
Des **réunions collectives** sont régulièrement organisées entre les parents et les professeurs. Elles ont lieu au moins deux fois par an. Elles sont organisées de manière à prendre en compte les contraintes, notamment professionnelles, des parents. Lorsque cela est nécessaire, des rencontres individuelles peuvent avoir lieu.

Les parents peuvent se regrouper au sein d'**associations de parents d'élèves**. Elles peuvent être locales ou rattachées à une fédération. Au sein de l'école, elles disposent d'une boîte aux lettres, d'un tableau d'affichage et, parfois, d'un local. Elles peuvent prendre connaissance de la liste des parents d'élèves de l'école et leurs coordonnées, sous réserve de l'accord de ces derniers. Les associations de parents peuvent diffuser des documents d'information au sein de l'école en veillant à respecter les principes de laïcité et de neutralité et en évitant toute forme d'injure ou de diffamation. Avec l'accord du maire, les associations de parents organisent des événements au sein de l'école tels que des fêtes d'école.

Les parents sont représentés au sein du **conseil d'école**[1]. Leur nombre est égal au nombre de classes de l'école. Les représentants sont élus chaque année au cours du mois d'octobre. Chaque parent est électeur et éligible. Les candidats forment une ou plusieurs listes et les élections se déroulent au scrutin proportionnel.

Le conseil d'école se réunit obligatoirement dans le mois qui suit l'élection des représentants et une fois par trimestre. Il vote le règlement intérieur de l'école, statue sur la partie pédagogique du projet d'école et adopte ce dernier, établit le projet d'organisation pédagogique de la semaine scolaire et peut donner son avis sur toute question intéressant la vie de l'école. ■

1 Présidé par le directeur de l'école, le conseil d'école réunit le maire, un conseiller municipal, les professeurs de l'école, les représentants des parents d'élèves et un délégué départemental de l'Éducation nationale. L'inspecteur de l'Éducation nationale assiste de droit aux réunions.

5. LA SCOLARISATION DES ÉLÈVES EN SITUATION DE HANDICAP

Les enfants en situation de handicap sont **scolarisés au même titre que les autres élèves**. L'école promeut leur inclusion pour favoriser leurs apprentissages et leur autonomie.

Les principaux interlocuteurs de la famille sont les professeurs de l'école et le professeur référent, chargé de suivre les élèves en situation de handicap scolarisés dans plusieurs écoles. Les parents sont associés aux réunions d'équipe de suivi de scolarisation de leur enfant.

Un projet personnalisé de scolarisation (PPS) organise la scolarité de l'élève (accompagnement, aménagement du temps scolaire, etc.). La famille saisit la commission des droits et de l'autonomie des personnes handicapées (CDAPH) de la maison départementale des personnes handicapées (MDPH) pour bénéficier de la forme de scolarité et de l'accompagnement les plus adaptés à son enfant (par exemple : maintien à l'école maternelle). Les besoins de l'élève sont décrits dans un document appelé GEVA-Sco (Guide d'évaluation des besoins de compensation en matière de scolarisation).

L'accompagnement au sein d'une école ou de plusieurs écoles ou établissements scolaires peut être organisé au sein d'un pôle inclusif d'accompagnement localisé (**PIAL**).

Trois formes de scolarisation

Dans une classe ordinaire. Si cela est nécessaire, l'élève bénéficie d'aménagements du temps scolaire, de matériel adapté ou de l'aide d'un accompagnant des élèves en situation de handicap (AESH).

Dans une unité localisée pour l'inclusion scolaire (ULIS). L'élève suit une partie des enseignements au sein de l'ULIS et une partie des enseignements en classe ordinaire. Chaque emploi du temps est adapté aux capacités et aux besoins de l'élève.

Dans une unité d'enseignement (UE), lorsque l'élève est pris en charge par un établissement ou un service médico-social ou de santé. Les enseignements sont assurés par des professeurs de l'Éducation nationale, parfois en partie au sein de l'école. Les élèves avec troubles du spectre de l'autisme peuvent être scolarisés dans une unité d'enseignement en maternelle autisme (UEMA). Les élèves sont alors suivis par un enseignant, un AESH et des personnels médico-sociaux (médecins, psychologues, éducateurs, etc.).

Un numéro vert (0805 805 110) est à la disposition des familles pour répondre à leurs interrogations sur la scolarisation de leur enfant. ■

6. LA SANTÉ ET LA SÉCURITÉ DES ÉLÈVES À L'ÉCOLE MATERNELLE

L'école veille à la santé des élèves et assure leur sécurité.

A. La santé

Plusieurs vaccins sont obligatoires pour entrer à l'école maternelle ou élémentaire ; d'autres sont recommandés. Les familles présentent le carnet de santé de l'enfant lors de son inscription à l'école.

Les vaccins obligatoires

Pour les enfants nés avant 2018, les vaccins contre la diphtérie, le tétanos et la poliomyélite (DTP) sont obligatoires.
Pour les enfants nés à partir de 2018, onze vaccins sont obligatoires : antidiphtérique, antitétanique, antipoliomyélitique, contre la coqueluche, les infections invasives à **Haemophilus influenzae** ***de type b, le virus de l'hépatite B, les infections invasives à pneumocoque, le méningocoque de sérogroupe C, la rougeole, les oreillons et la rubéole.***

Lorsqu'un élève souffre de **pathologies chroniques** (asthme par exemple) d'allergies ou d'intolérances alimentaires, un **projet d'accueil individualisé (PAI)** est élaboré. Il est mis en place à la demande de la famille ou proposé par le directeur de l'école, avec l'accord de la famille. Il précise les conditions de prise de repas, les aménagements nécessaires à la santé de l'élève (par exemple, la dispense de certaines activités) ou encore les éventuelles prises de médicament. Le PAI est rédigé par le médecin.

En grande section de maternelle ou en CP, l'enfant passe une **visite médicale**. Il s'agit de mettre en évidence les troubles qui pourraient affecter les apprentissages de l'élève comme les troubles auditifs ou les troubles visuels. Les parents peuvent être présents lors de cette visite.

Tout au long de l'école primaire, les enfants acquièrent **les savoirs nécessaires en matière de santé**. À l'école maternelle, les programmes scolaires prévoient que les élèves «apprennent à identifier, désigner et nommer les différentes parties du corps». L'éducation à la santé «intègre une première approche des questions nutritionnelles qui peut être liée à une éducation au goût».

B. La sécurité

Les écoles sont organisées pour faire face aux **risques majeurs** (attentats ou intrusions, risques naturels ou technologiques, etc.). Chaque année, des exercices de sécurité sont organisés, dont au moins un exercice attentat-intrusion. Ces exercices sont organisés de manière adaptée à l'âge des enfants.

Dans le cadre de la crise sanitaire de la **COVID-19**, des mesures spécifiques ont été décidées et mises en place au printemps 2020.

Les parents sont informés par les écoles des règles de sécurité.

Les assurances scolaires

La souscription, par les parents, d'une assurance scolaire n'est pas obligatoire. Elle est cependant conseillée pour couvrir d'éventuels dommages subis ou causés par leur enfant. Elle est obligatoire pour la participation aux activités scolaires facultatives. ■

7. LES AIDES À L'ÉCOLE MATERNELLE

Lorsqu'un élève rencontre des difficultés, le professeur est le premier interlocuteur et lui apporte l'aide et le soutien dont il a besoin pour les surmonter.

Avec l'accord des parents, les élèves peuvent suivre des activités pédagogiques complémentaires (**APC**).

Si l'élève a du mal à acquérir certaines compétences, un **programme personnalisé de réussite éducative (PPRE)** est mis en place. Le professeur de la classe détermine les besoins de l'élève, les objectifs à atteindre et les moyens mis en œuvre. La famille est associée à cette démarche.

Face à des troubles des apprentissages, un **plan d'accompagnement personnalisé (PAP**) est proposé à l'élève. Il est mis en place à la demande des professeurs ou des parents avec l'appui du médecin de l'Éducation nationale. Le PAP recense les aménagements dont l'élève a besoin pour poursuivre sa scolarité. Il peut s'agir, par exemple, de lui donner des repères visuels pour mieux gérer son temps.

Au sein du **réseau d'aides spécialisées aux élèves en difficulté (RASED)**, des professeurs spécialisés peuvent intervenir pour aider les élèves à surmonter leurs difficultés en classe ou lors de rendez-vous individuels avec l'accord des parents (difficultés d'apprentissage ou de comportement). Le psychologue de l'Éducation nationale contribue à l'évaluation et à l'analyse des situations et peut rencontrer les élèves en difficulté. Il travaille en équipe avec l'enseignant de l'élève et les enseignants spécialisés. Il est en contact avec la famille de l'enfant. ■

8. L'ÉVALUATION À L'ÉCOLE MATERNELLE

L'évaluation permet à l'enseignant d'adapter les apprentissages de l'élève à ses besoins, en s'appuyant sur ses points forts et en palliant ses difficultés. Elle repose sur une observation bienveillante de chaque élève, de ses réalisations comme de ses progrès. Son autonomie est également évaluée. Le professeur adapte toujours son regard à l'âge de l'enfant.

Les parents peuvent consulter **le carnet de suivi des apprentissages** de l'enfant. Il rend compte des observations du professeur et des progrès de l'élève. Par exemple, le professeur observe la capacité de l'élève à élaborer des phrases simples ou à classer des objets selon leur forme.

À la fin de l'année scolaire, le passage en classe supérieure est décidé par **le conseil des maîtres** après avis de la famille. Le redoublement n'est pas possible à l'école maternelle. Un saut de classe peut être proposé si l'élève présente des facilités dans les apprentissages.

À la fin de l'école maternelle, une **synthèse des acquis scolaires** de l'élève est établie. Cette évaluation ne repose pas sur des devoirs ou exercices spécifiques. Elle est communiquée aux parents. Elle est utile au professeur de CP pour aider l'élève dans les apprentissages prévus dans cette classe. ■

Deuxième partie | Ce qu'apprend l'élève à l'école maternelle

PRÉSENTATION GÉNÉRALE

Les enseignements sont organisés en cinq domaines d'apprentissage[1]. Cette organisation permet à l'enseignant d'identifier les apprentissages visés et de mettre en œuvre leurs interactions dans la classe. Chacun de ces cinq domaines est essentiel au développement de l'enfant et doit trouver sa place dans l'organisation du temps quotidien. Dans la mesure où toute situation pédagogique reste, du point de vue de l'enfant, une situation riche de multiples possibilités d'interprétations et d'actions, elle relève souvent pour l'enseignant de plusieurs domaines d'apprentissage.

Le domaine **Mobiliser le langage dans toutes ses dimensions** réaffirme la place primordiale du langage à l'école maternelle comme condition essentielle de la réussite de toutes et de tous. La stimulation et la structuration du langage oral d'une part, l'entrée progressive dans la culture de l'écrit d'autre part, constituent des priorités de l'école maternelle et concernent l'ensemble des domaines.

Les domaines **Agir, s'exprimer, comprendre à travers l'activité physique** et **Agir, s'exprimer, comprendre à travers les activités artistiques** permettent de développer les interactions entre l'action, les sensations, l'imaginaire, la sensibilité et la pensée.

---

1 L'arrêté du 18 février 2015 définit le programme d'enseignement de l'école maternelle, notamment les cinq domaines d'apprentissage reproduits dans cette deuxième partie. Les passages soulignés en bleu ont été choisis par l'éditeur. Le programme d'enseignement complet est consultable à l'adresse suivante : https://www.education.gouv.fr/bo/15/Special2/MENE1504759A.htm?cid_bo=86940

Les domaines **Construire les premiers outils pour structurer sa pensée** et **Explorer le monde** s'attachent à développer une première compréhension de l'environnement des enfants et à susciter leur questionnement. En s'appuyant sur des connaissances initiales liées à leur vécu, l'école maternelle met en place un parcours qui leur permet d'ordonner le monde qui les entoure, d'accéder à des représentations usuelles et à des savoirs que l'école élémentaire enrichira.

Le programme établit, pour chaque domaine d'apprentissage, une définition générale, énonce les objectifs visés et donne des indications pédagogiques de nature à fournir des repères pour organiser la progressivité des apprentissages. ■

1. MOBILISER LE LANGAGE DANS TOUTES SES DIMENSIONS

INTRODUCTION

Le mot « langage » désigne un ensemble d'activités mises en œuvre par un individu lorsqu'il parle, écoute, réfléchit, essaie de comprendre et, progressivement, lit et écrit. L'école maternelle permet à tous les enfants de mettre en œuvre ces activités en mobilisant simultanément les deux composantes du langage :

- **le langage oral** : utilisé dans les interactions, en production et en réception, il permet aux enfants de communiquer, de comprendre, d'apprendre et de réfléchir. C'est le moyen de découvrir les caractéristiques de la langue française et d'écouter d'autres langues parlées.
- **le langage écrit** : présenté aux enfants progressivement jusqu'à ce qu'ils commencent à l'utiliser, il les habitue à une forme de communication dont ils découvriront les spécificités et le rôle pour garder trace, réfléchir, anticiper, s'adresser à un destinataire absent. Il prépare les enfants à l'apprentissage de l'écrire-lire au cycle 2.

1. MOBILISER LE LANGAGE DANS TOUTES SES DIMENSIONS | L'ORAL

INTRODUCTION

L'enfant, quelle que soit sa langue maternelle, dès sa toute petite enfance et au cours d'un long processus, acquiert spontanément le langage grâce à ses interactions avec les adultes de son entourage.

L'enseignant, attentif, accompagne chaque enfant dans ses premiers essais, reprenant ses productions orales pour lui apporter des mots ou des structures de phrase plus adaptés qui l'aident à progresser. L'enseignant s'adresse aux enfants les plus jeunes avec un débit ralenti de parole ; il produit des énoncés brefs, syntaxiquement corrects et soigneusement articulés. Constamment attentif à son propre langage et veillant à s'adapter à la diversité des performances langagières des enfants, il s'exprime progressivement de manière plus complexe. Il permet à chacun d'aller progressivement au-delà de la simple prise de parole spontanée et non maîtrisée pour s'inscrire dans des conversations de plus en plus organisées et pour prendre la parole dans un grand groupe. Il sait mobiliser l'attention de tous dans des activités qui les amènent à comprendre des propos et des textes de plus en plus longs. Il met sur le chemin d'une conscience des langues, des mots du français et de ses unités sonores.

OBJECTIFS VISÉS ET ÉLÉMENTS DE PROGRESSIVITÉ

A. Oser entrer en communication

- L'objectif est de permettre à chacun de pouvoir dire, exprimer un avis ou un besoin, questionner, annoncer une nouvelle. L'enfant apprend ainsi à entrer en communication avec autrui et à faire des efforts pour que les autres comprennent ce qu'il veut dire.
  Chacun arrive à l'école maternelle avec des acquis langagiers encore très hésitants.
  Entre 2 et 4 ans, les enfants s'expriment beaucoup par des moyens non verbaux et apprennent à parler. Ils reprennent des formulations ou des fragments des propos qui leur sont adressés et travaillent ainsi ce matériau qu'est la langue qu'ils entendent.
  Après 3-4 ans, ils poursuivent ces essais et progressent sur le plan syntaxique et lexical. Ils produisent des énoncés plus complets, organisés entre eux avec cohérence, articulés à des prises de parole plus longues, et de plus en plus adaptés aux situations.

- Autour de 4 ans, les enfants découvrent que les personnes, dont eux-mêmes, pensent et ressentent, et chacun différemment de l'autre. Ils commencent donc à agir volontairement sur autrui par le langage et à se représenter l'effet qu'une parole peut provoquer : ils peuvent alors comprendre qu'il faut expliquer et réexpliquer pour qu'un interlocuteur comprenne, et l'école doit les guider dans cette découverte.
  Ils commencent à poser de vraies questions, à saisir les plaisanteries et à en faire.
  Leurs progrès s'accompagnent d'un accroissement du vocabulaire et d'une organisation de plus en plus complexe des phrases.
  En fin d'école maternelle, l'enseignant peut donc avoir avec les enfants des conversations proches de celles qu'il a avec les adultes.

- Tout au long de l'école maternelle, l'enseignant crée les conditions bienveillantes et sécurisantes pour que tous les enfants (même ceux qui ne s'expriment pas ou peu) prennent la parole, participent à des situations langagières plus complexes que celles de la vie ordinaire ; il accueille les erreurs « positives » qui traduisent une réorganisation mentale du langage en les valorisant et en proposant une reformulation.

Ainsi, il contribue à construire l'équité entre enfants en réduisant les écarts langagiers.

B. Comprendre et apprendre

- Les discours que tient l'enseignant sont des moyens de comprendre et d'apprendre pour les enfants.
  En compréhension, ceux-ci «prennent» ce qui est à leur portée dans ce qu'ils entendent, d'abord dans des scènes renvoyant à des expériences personnelles précises, souvent chargées d'affectivité.
  Ils sont incités à s'intéresser progressivement à ce qu'ils ignoraient, grâce à l'apport de nouvelles notions, de nouveaux objets culturels et même de nouvelles manières d'apprendre.
- Les moments de réception où les enfants travaillent mentalement sans parler sont des activités langagières à part entière que l'enseignant doit rechercher et encourager, parce qu'elles permettent de construire des outils cognitifs: reconnaître, rapprocher, catégoriser, contraster, se construire des images mentales à partir d'histoires fictives, relier des événements entendus et/ou vus dans des narrations ou des explications, dans des moments d'apprentissages structurés, traiter des mots renvoyant à l'espace, au temps, etc.
  Ces activités invisibles aux yeux de tout observateur sont cruciales.

C. Échanger et réfléchir avec les autres

- Les moments de langage à plusieurs sont nombreux à l'école maternelle: résolution de problèmes, prises de décisions collectives, compréhension d'histoires entendues, etc.
  Il y a alors argumentation, explication, questions, intérêt pour ce que les autres croient, pensent et savent. L'enseignant commente alors l'activité qui se déroule pour en faire ressortir l'importance et la finalité.
- L'école demande régulièrement aux élèves d'évoquer, c'est-à-dire de parler de ce qui n'est pas présent (récits d'expériences passées, projets de classe...).

Ces situations d'évocation entraînent les élèves à mobiliser le langage pour se faire comprendre sans autre appui, elles leur offrent un moyen de s'entraîner à s'exprimer de manière de plus en plus explicite.
Cette habileté langagière relève d'un développement continu qui commence tôt et qui ne sera constitué que vers huit ans.
Le rôle de l'enseignant est d'induire du recul et de la réflexion sur les propos tenus par les uns et les autres.

D. Commencer à réfléchir sur la langue et acquérir une conscience phonologique

- Dès leur plus jeune âge, les enfants sont intéressés par la langue ou les langues qu'ils entendent. Ils font spontanément et sans en avoir conscience des tentatives pour en reproduire les sons, les formes et les structures afin d'entrer en communication avec leur entourage.
C'est à partir de 3-4 ans qu'ils peuvent prendre du recul et avoir conscience des efforts à faire pour maîtriser une langue et accomplir ces efforts intentionnellement.
On peut alors centrer leur attention sur le vocabulaire, sur la syntaxe et sur les unités sonores de la langue française dont la reconnaissance sera indispensable pour apprendre à maîtriser le fonctionnement de l'écriture du français.

L'acquisition et le développement de la conscience phonologique

- Pour pouvoir lire et écrire, les enfants devront réaliser deux grandes acquisitions : identifier les unités sonores que l'on emploie lorsqu'on parle français (conscience phonologique) et comprendre que l'écriture du français est un code au moyen duquel on transcrit des sons (principe alphabétique).

- Lorsqu'ils apprennent à parler, les enfants reproduisent les mots qu'ils ont entendus et donc les sons de la langue qu'on leur parle. S'il leur arrive de jouer avec les sons, cela se fait de manière aléatoire.
À l'école maternelle, ils apprennent à manipuler volontairement les sons, à les identifier à l'oreille donc à les dissocier d'autres sons, à repérer des ressemblances et des différences. Pour pouvoir s'intéresser aux syllabes et aux phonèmes, il faut que les enfants se détachent du sens des mots.

- L'unité la plus aisément perceptible est la syllabe. Une fois que les enfants sont capables d'identifier des syllabes communes à plusieurs mots, de les isoler, ils peuvent alors s'attacher à repérer des éléments plus petits qui entrent dans la composition des syllabes.
  Parce que les sons-voyelles sont plus aisés à percevoir que les sons-consonnes et qu'ils constituent parfois des syllabes, c'est par eux qu'il convient de commencer sans vouloir faire identifier tous ceux qui existent en français et sans exclure de faire percevoir quelques sons-consonnes parmi les plus accessibles.

- Pour développer la conscience phonologique, l'enseignant habitue les enfants à décomposer volontairement ce qu'ils entendent en syllabes orales : en utilisant le frappé d'une suite sonore, en « découpant » oralement des mots connus en syllabes, en repérant une syllabe identique dans des mots à deux syllabes, puis en intervertissant des syllabes, toujours sans support matériel, ni écrit ni imagé.
  Ces jeux phoniques peuvent être pratiqués en grand groupe, mais l'enseignant privilégie l'organisation en petits groupes pour des enfants qui participent peu ou avec difficulté en grand groupe.
  Dans le courant de la grande section, il consacre des séances courtes de manière régulière à ces jeux, en particulier avec les enfants pour lesquels il ne repère pas d'évolution dans les essais d'écriture.
  Pour ceux qui en sont capables, des activités similaires peuvent être amorcées sur des sons-voyelles – notamment ceux qui constituent une syllabe dans les mots fréquentés – et quelques sons-consonnes.
  Ces jeux et activités structurées sur les constituants sonores de la langue n'occupent qu'une part des activités langagières.

Éveil à la diversité linguistique

- À partir de la moyenne section, ils vont découvrir l'existence de langues, parfois très différentes de celles qu'ils connaissent.
  Dans des situations ludiques (jeux, comptines...) ou auxquelles ils peuvent donner du sens (DVD d'histoires connues par exemple), ils prennent conscience que la communication peut passer par d'autres langues que le français : par exemple les langues régionales, les langues étrangères et la langue des signes française (LSF).
  Les ambitions sont modestes, mais les essais que les enfants sont amenés à faire, notamment pour répéter certains éléments, doivent être conduits avec une certaine rigueur.

1. MOBILISER LE LANGAGE DANS TOUTES SES DIMENSIONS | L'ÉCRIT

OBJECTIFS VISÉS ET ÉLÉMENTS DE PROGRESSIVITÉ

- Il appartient à l'école maternelle de donner à tous une culture commune de l'écrit.
  Les enfants y sont amenés à comprendre de mieux en mieux des écrits à leur portée, à découvrir la nature et la fonction langagière de ces tracés réalisés par quelqu'un pour quelqu'un, à commencer à participer à la production de textes écrits dont ils explorent les particularités.
  En fin de cycle, les enfants peuvent montrer tous ces acquis dans leurs premières écritures autonomes.
  Ce seront des tracés tâtonnants sur lesquels s'appuieront les enseignants de cycle 2.

A. Écouter de l'écrit et comprendre

- En préparant les enfants aux premières utilisations maîtrisées de l'écrit en cycle 2, l'école maternelle occupe une place privilégiée pour leur offrir une fréquentation de la langue de l'écrit, très différente de l'oral de communication.
  L'enjeu est de les habituer à la réception de langage écrit afin d'en comprendre le contenu.
  L'enseignant prend en charge la lecture, oriente et anime les échanges qui suivent l'écoute.

La progressivité réside essentiellement dans le choix de textes de plus en plus longs et éloignés de l'oral ; si la littérature de jeunesse y a une grande place, les textes documentaires ne sont pas négligés.

B. Découvrir la fonction de l'écrit

- L'objectif est de permettre aux enfants de comprendre que les signes écrits qu'ils perçoivent valent du langage : en réception, l'écrit donne accès à la parole de quelqu'un et, en production, il permet de s'adresser à quelqu'un qui est absent ou de garder pour soi une trace de ce qui ne saurait être oublié.
  L'écrit transmet, donne ou rappelle des informations et fait imaginer : il a des incidences cognitives sur celui qui le lit.
  À l'école maternelle, les enfants le découvrent en utilisant divers supports (livres variés, affiches, lettres, messages électroniques ou téléphoniques, étiquettes, etc.) en relation avec des situations ou des projets qui les rendent nécessaires ; ils en font une expérience plus précise encore quand ils sont spectateurs d'une écriture adressée et quand ils constatent eux-mêmes les effets que produisent les écrits sur ceux qui les reçoivent.

C. Commencer à produire des écrits et en découvrir le fonctionnement

- C'est l'enseignant qui juge du moment où les enfants sont prêts à prendre en charge eux-mêmes une partie des activités que les adultes mènent avec l'écrit. Et comme il n'y a pas de pré-lecture à l'école maternelle, cette prise en charge partielle se fait en production et largement avec l'aide d'un adulte.
  Toute production d'écrits nécessite différentes étapes et donc de la durée avant d'aboutir ; la phase d'élaboration orale préalable du message est fondamentale, notamment parce qu'elle permet la prise de conscience des transformations nécessaires d'un propos oral en phrases à écrire.
  La technique de dictée à l'adulte concerne l'une de ces étapes qui est la rédaction proprement dite.
  Ces expériences précoces de productions génèrent une prise de conscience du pouvoir que donne la maîtrise de l'écrit.

D. Découvrir le principe alphabétique

- L'une des conditions pour apprendre à lire et à écrire est d'avoir découvert le principe alphabétique selon lequel l'écrit code en grande partie, non pas directement le sens, mais l'oral (la sonorité) de ce qu'on dit.
  Durant les trois années de l'école maternelle, les enfants vont découvrir ce principe (c'est-à-dire comprendre la relation entre lettres et sons) et commencer à le mettre en œuvre.
  Ce qui est visé à l'école maternelle est la découverte de ce principe et non l'apprentissage systématique des relations entre formes orales et écrites.

- La progressivité de l'enseignement à l'école maternelle nécessite de commencer par l'écriture.
  Les enfants ont en effet besoin de comprendre comment se fait la transformation d'une parole en écrit, d'où l'importance de la relation qui va de l'oral vers l'écrit.
  Le chemin inverse, qui va de l'écrit vers l'oral, sera pratiqué plus tard quand les enfants commenceront à apprendre à lire.
  Cette activité d'écriture ne peut s'effectuer que si, dans le même temps, l'enfant développe une conscience phonologique en devenant capable d'identifier les unités sonores de la langue.

- La découverte du principe alphabétique rend possible les premières écritures autonomes en fin d'école maternelle parce qu'elle est associée à des savoirs complexes et à de nouveaux savoir-faire :
  - la découverte de la fonction de l'écrit et les productions avec l'aide d'un adulte ;
  - la manipulation d'unités sonores non signifiantes de la langue qui produit des habiletés qui sont utilisées lorsque les enfants essaient d'écrire ;
  - parallèlement, à partir de la moyenne section, l'initiation aux tracés de l'écriture ;
  - la découverte des correspondances entre les trois écritures (cursive, script, capitales) qui donne aux enfants une palette de possibles, en tracé manuscrit et sur traitement de texte.

- L'écriture autonome constitue l'aboutissement de ces différents apprentissages et découvertes.

E. Commencer à écrire tout seul

UN ENTRAÎNEMENT NÉCESSAIRE AVANT DE PRATIQUER L'ÉCRITURE CURSIVE : DES EXERCICES GRAPHIQUES

- Il faut plusieurs années aux enfants pour acquérir les multiples habiletés nécessaires à l'écriture : utiliser leur regard pour piloter leur main, utiliser de façon coordonnée les quatre articulations qui servent à tenir et guider l'instrument d'écriture (épaule, coude, poignet, doigts), contrôler les tracés, et surtout tracer volontairement des signes abstraits dont ils comprennent qu'il ne s'agit pas de dessins mais de lettres, c'est-à-dire d'éléments d'un code qui transcrit des sons.
  Les exercices graphiques, qui permettent de s'entraîner aux gestes moteurs, et l'écriture proprement dite sont deux choses différentes. L'enseignant veille à ce qu'elles ne soient pas confondues.

- En petite section, les exercices graphiques, en habituant les enfants à contrôler et guider leurs gestes par le regard, les entraînent à maîtriser les gestes moteurs qui seront mobilisés dans le dessin et l'écriture cursive, à prendre des repères dans l'espace de la feuille.
  En moyenne et grande sections, ils s'exercent régulièrement à des tâches de motricité fine qui préparent spécifiquement à l'écriture. Ils s'entraînent également aux gestes propres à l'écriture et ils apprennent à adopter une posture confortable, à tenir de façon adaptée l'instrument d'écriture, à gérer l'espace graphique (aller de gauche à droite, maintenir un alignement…).
  L'enseignant varie les modèles et accorde du temps aux démonstrations qui permettent l'apprentissage de leur reproduction.

- L'écriture en capitales, plus facile graphiquement, ne fait pas l'objet d'un enseignement systématique ; lorsqu'elle est pratiquée par les enfants, l'enseignant veille au respect de l'ordre des lettres et met en évidence les conséquences du respect ou non de cet ordre sur ce qui peut ensuite être lu.
  L'écriture cursive nécessite quant à elle un entraînement pour apprendre à tracer chaque lettre et l'enchaînement de plusieurs lettres, en ne levant qu'à bon escient l'instrument d'écriture. Cet entraînement ne peut intervenir que si les enfants ont acquis une certaine maturité motrice : s'il peut avec certains être commencé en moyenne section, c'est en grande section qu'il a le plus naturellement sa place,

et souvent en deuxième partie d'année. Il devra être continué de manière très systématique au cours préparatoire.
L'écriture régulière du prénom fournit une occasion de s'y exercer, les enfants ayant un moindre effort de mémoire à fournir et pouvant alors se concentrer sur la qualité du tracé.

- À partir de la moyenne section, et régulièrement en grande section, l'enseignant explique la correspondance des trois écritures (cursive, script, capitales).
  Les enfants s'exercent à des transcriptions de mots, phrases, courts textes connus, à leur saisie sur ordinateur.
  Travaillant alors en binôme, ils apprennent nombre de relations entre l'oral et l'écrit : un enfant nomme les lettres et montre, le second cherche sur le clavier, ils vérifient ensemble sur l'écran, puis sur la version imprimée.

- L'objectif étant de construire la valeur symbolique des lettres, l'enseignant veille à ne jamais isoler les trois composantes de l'écriture : la composante sémantique (le sens de ce qui est écrit), la composante symbolique (le code alphabétique) et la composante motrice (la dextérité graphique).

LES ESSAIS D'ÉCRITURE DE MOTS

- Valoriser publiquement les premiers tracés des petits qui disent avoir écrit, c'est mettre toute la classe sur le chemin du symbolique.
  S'il s'agit de lignes, signes divers ou pseudo-lettres, l'enseignant précise qu'il ne peut pas encore lire.
  À partir de la moyenne section, l'enseignant fait des commandes d'écriture de mots simples, par exemple le nom d'un personnage d'une histoire.
  Le but est que les enfants se saisissent des apports de l'enseignant qui a écrit devant eux, ou des documents affichés dans la classe qui ont été observés ensemble et commentés.
  Leurs tracés montrent à l'enseignant ce que les enfants ont compris de l'écriture.
  Une fois les tracés faits, l'enseignant lit, ou bruite ou dit qu'il ne peut pas encore lire. Il discute avec l'enfant, il explique lui-même les procédés utilisés et écrit la forme canonique en faisant correspondre unités sonores et graphèmes.
  L'activité est plus fréquente en grande section.

- L'enseignant ne laisse pas croire aux enfants que leurs productions sont correctes et il ne cherche pas non plus un résultat orthographique normé : il valorise les essais et termine par son écriture adulte sous l'essai de l'élève.

LES PREMIÈRES PRODUCTIONS AUTONOMES D'ÉCRITS

- Lorsque les enfants ont compris que l'écrit est un code qui permet de délivrer des messages, il est possible de les inciter à produire des messages écrits.
  En grande section, les enfants commencent à avoir les ressources pour écrire, et l'enseignant les encourage à le faire ou valorise les essais spontanés.
  L'enseignant les incite à écrire en utilisant tout ce qui est à leur portée. Une fois qu'ils savent exactement ce qu'ils veulent écrire, les enfants peuvent chercher dans des textes connus, utiliser le principe alphabétique, demander de l'aide.
  Plus ils écrivent, plus ils ont envie d'écrire.
  L'enseignant accepte qu'ils mêlent écriture en capitales pour résoudre des problèmes phonographiques et écriture en cursive.
  Lorsqu'ils ne se contentent plus de recopier des mots qu'ils connaissent, mais veulent écrire de nouveaux mots, ils recourent à différentes stratégies, en les combinant ou non : ils peuvent recopier des morceaux pris à d'autres mots, tracer des lettres dont le son se retrouve dans le mot à écrire (par exemple les voyelles), attribuer à des lettres la valeur phonique de leur nom (utiliser la lettre K pour transcrire le son /ca/).
  La séparation entre les mots reste un problème difficile à résoudre jusqu'au CE1.

- Les premiers essais d'écriture permettent à l'enseignant de voir que les enfants commencent à comprendre la fonction et le fonctionnement de l'écriture, même si ce n'est que petit à petit qu'ils en apprendront les règles.
  Il commente ces textes avec leurs auteurs (ce qu'ils voulaient dire, ce qu'ils ont écrit, ce qui montre qu'ils ont déjà des savoirs sur les textes écrits), puis il écrit en français écrit normé en soulignant les différences.
  Il donne aussi aux enfants les moyens de s'entraîner, notamment avec de la copie dans un coin écriture aménagé spécialement (outils, feuilles blanches et à lignes, ordinateur et imprimante, tablette numérique et stylets, tableaux de correspondance des graphies, textes connus).

Un recueil individuel de ces premières écritures peut devenir un dossier de référence pour chaque élève, à apporter pour leur rentrée au CP. ■

CE QUI EST ATTENDU DES ENFANTS EN FIN D'ÉCOLE MATERNELLE

- **Communiquer avec les adultes et avec les autres enfants par le langage, en se faisant comprendre.**
- **S'exprimer dans un langage syntaxiquement correct et précis. Reformuler pour se faire mieux comprendre.**
- **Pratiquer divers usages du langage oral : raconter, décrire, évoquer, expliquer, questionner, proposer des solutions, discuter un point de vue.**
- **Dire de mémoire et de manière expressive plusieurs comptines et poésies.**
- **Comprendre des textes écrits sans autre aide que le langage entendu.**
- **Manifester de la curiosité par rapport à l'écrit. Pouvoir redire les mots d'une phrase écrite après sa lecture par l'adulte, les mots du titre connu d'un livre ou d'un texte.**
- **Participer verbalement à la production d'un écrit. Savoir qu'on n'écrit pas comme on parle.**
- **Repérer des régularités dans la langue à l'oral en français (éventuellement dans une autre langue).**
- **Manipuler des syllabes.**
- **Discriminer des sons (syllabes, sons-voyelles ; quelques sons-consonnes hors des consonnes occlusives).**
- **Reconnaître les lettres de l'alphabet et connaître les correspondances entre les trois manières de les écrire : cursive, script, capitales d'imprimerie. Copier à l'aide d'un clavier.**
- **Écrire son prénom en écriture cursive, sans modèle.**
- **Écrire seul un mot en utilisant des lettres ou groupes de lettres empruntés aux mots connus.**

2. AGIR, S'EXPRIMER, COMPRENDRE À TRAVERS L'ACTIVITÉ PHYSIQUE

INTRODUCTION

La pratique d'activités physiques et artistiques contribue au développement moteur, sensoriel, affectif, intellectuel et relationnel des enfants. Ces activités mobilisent, stimulent, enrichissent l'imaginaire et sont l'occasion d'éprouver des émotions, des sensations nouvelles. Elles permettent aux enfants d'explorer leurs possibilités physiques, d'élargir et d'affiner leurs habiletés motrices, de maîtriser de nouveaux équilibres. Elles les aident à construire leur latéralité, l'image orientée de leur propre corps et à mieux se situer dans l'espace et dans le temps.

Ces expériences corporelles visent également à développer la coopération, à établir des rapports constructifs à l'autre, dans le respect des différences, et contribuer ainsi à la socialisation. La participation de tous les enfants à l'ensemble des activités physiques proposées, l'organisation et les démarches mises en œuvre cherchent à lutter contre les stéréotypes et contribuent à la construction de l'égalité entre filles et garçons. Les activités physiques participent d'une éducation à la santé en conduisant tous les enfants, quelles que soient leurs « performances », à éprouver le plaisir du mouvement et de l'effort, à mieux connaître leur corps pour le respecter.

OBJECTIFS VISÉS ET ÉLÉMENTS DE PROGRESSIVITÉ

- À leur arrivée à l'école maternelle, tous les enfants ne sont pas au même niveau de développement moteur. Ils n'ont pas réalisé les mêmes expériences corporelles et celles-ci ont pris des sens différents en fonction des contextes dans lesquels elles se sont déroulées.
- Le choix des activités physiques variées, prenant toujours des formes adaptées à l'âge des enfants, relève de l'enseignant, dans le cadre d'une programmation de classe et de cycle pour permettre d'atteindre les quatre objectifs caractéristiques de ce domaine d'apprentissage.
- Le besoin de mouvement des enfants est réel. Il est donc impératif d'organiser une séance quotidienne (de 30 à 45 minutes environ, selon la nature des activités, l'organisation choisie, l'intensité des actions réalisées, le moment dans l'année, les comportements des enfants...).
- Ces séances doivent être organisées en cycles de durée suffisante pour que les enfants disposent d'un temps qui garantisse une véritable exploration et permette la construction de conquêtes motrices significatives.

A. Agir dans l'espace, dans la durée et sur les objets

- Peu à peu, parce qu'il est sollicité par l'enseignant pour constater les résultats de ses actions, l'enfant prend plaisir à s'investir plus longuement dans les situations d'apprentissage qui lui sont proposées.

Il découvre la possibilité d'enchaîner des comportements moteurs pour assurer une continuité d'action (prendre une balle, puis courir pour franchir un obstacle, puis viser une cible pour la faire tomber, puis repartir au point de départ pour prendre un nouveau projectile…).
Il apprend à fournir des efforts dans la durée, à chercher à parcourir plus de distance dans un temps donné (« matérialisé » par un sablier, une chanson enregistrée…).

- En agissant sur et avec des objets de tailles, de formes ou de poids différents (balles, ballons, sacs de graines, anneaux…), l'enfant en expérimente les propriétés, découvre des utilisations possibles (lancer, attraper, faire rouler…), essaie de reproduire un effet qu'il a obtenu au hasard des tâtonnements.
Il progresse dans la perception et l'anticipation de la trajectoire d'un objet dans l'espace qui sont, même après l'âge de cinq ans, encore difficiles.

B. Adapter ses équilibres et ses déplacements à des environnements ou des contraintes variés

- Certains des plus jeunes enfants ont besoin de temps pour conquérir des espaces nouveaux ou s'engager dans des environnements inconnus. D'autres, au contraire, investissent d'emblée les propositions nouvelles sans appréhension mais également sans conscience des risques potentiels. Dans tous les cas, l'enseignant amène les enfants à découvrir leurs possibilités, en proposant des situations qui leur permettent d'explorer et d'étendre (repousser) leurs limites. Il les invite à mettre en jeu des conduites motrices inhabituelles (escalader, se suspendre, ramper…), à développer de nouveaux équilibres (se renverser, rouler, se laisser flotter…), à découvrir des espaces inconnus ou caractérisés par leur incertitude (piscine, patinoire, parc, forêt…). Pour les enfants autour de 4 ans, l'enseignant enrichit ces expérimentations à l'aide de matériels sollicitant l'équilibre (patins, échasses…), permettant de nouveaux modes de déplacement (tricycles, draisiennes, vélos, trottinettes…).
Il attire l'attention des enfants sur leur propre sécurité et celle des autres, dans des situations pédagogiques dont le niveau de risque objectif est contrôlé par l'adulte.

C. Communiquer avec les autres au travers d'actions à visée expressive ou artistique

- Les situations proposées à l'enfant lui permettent de découvrir et d'affirmer ses propres possibilités d'improvisation, d'invention et de création en utilisant son corps.
  L'enseignant utilise des supports sonores variés (musiques, bruitages, paysages sonores…) ou, au contraire, développe l'écoute de soi et des autres au travers du silence.
  Il met à la disposition des enfants des objets initiant ou prolongeant le mouvement (voiles, plumes, feuilles…), notamment pour les plus jeunes d'entre eux.
  Il propose des aménagements d'espace adaptés, réels ou fictifs, incite à de nouvelles expérimentations.
  Il amène à s'inscrire dans une réalisation de groupe. L'aller-retour entre les rôles d'acteurs et de spectateurs permet aux plus grands de mieux saisir les différentes dimensions de l'activité, les enjeux visés, le sens du progrès. L'enfant participe ainsi à un projet collectif qui peut être porté au regard d'autres spectateurs, extérieurs au groupe classe.

D. Collaborer, coopérer, s'opposer

- Pour le jeune enfant, l'école est le plus souvent le lieu d'une première découverte des jeux moteurs vécus en collectif.
  La fonction de ce collectif, l'appropriation de différents modes d'organisation, le partage du matériel et la compréhension des rôles nécessitent des apprentissages.
  Les règles communes (délimitations de l'espace, but du jeu, droits et interdits...) sont une des conditions du plaisir de jouer, dans le respect des autres.

- Pour les plus jeunes, l'atteinte d'un but commun se fait tout d'abord par l'association d'actions réalisées en parallèle, sans réelle coordination.
  Il s'agit, dans les formes de jeu les plus simples, de comprendre et de s'approprier un seul rôle.
  L'exercice de rôles différents instaure les premières collaborations (vider une zone des objets qui s'y trouvent, collaborer afin de les échanger, les transporter, les ranger dans un autre camp…).

Puis, sont proposées des situations dans lesquelles existe un réel antagonisme des intentions (dérober des objets, poursuivre des joueurs pour les attraper, s'échapper pour les éviter…) ou une réversibilité des statuts des joueurs (si le chat touche la souris, celle-ci devient chat à sa place…).

- D'autres situations ludiques permettent aux plus grands d'entrer au contact du corps de l'autre, d'apprendre à le respecter et d'explorer des actions en relation avec des intentions de coopération ou d'opposition spécifiques (saisir, soulever, pousser, tirer, immobiliser…).
Que ce soit dans ces jeux à deux ou dans des jeux de groupe, tous peuvent utilement s'approprier des rôles sociaux variés : arbitre, observateur, responsable de la marque ou de la durée du jeu. ■

CE QUI EST ATTENDU DES ENFANTS EN FIN D'ÉCOLE MATERNELLE

- **Courir, sauter, lancer de différentes façons, dans des espaces et avec des matériels variés, dans un but précis.**
- **Ajuster et enchaîner ses actions et ses déplacements en fonction d'obstacles à franchir ou de la trajectoire d'objets sur lesquels agir.**
- **Se déplacer avec aisance dans des environnements variés, naturels ou aménagés.**
- **Construire et conserver une séquence d'actions et de déplacements, en relation avec d'autres partenaires, avec ou sans support musical.**
- **Coordonner ses gestes et ses déplacements avec ceux des autres, lors de rondes et jeux chantés.**
- **Coopérer, exercer des rôles différents complémentaires, s'opposer, élaborer des stratégies pour viser un but ou un effet commun.**

3. AGIR, S'EXPRIMER, COMPRENDRE À TRAVERS LES ACTIVITÉS ARTISTIQUES

INTRODUCTION

Ce domaine d'apprentissage se réfère aux arts du visuel (peinture, sculpture, dessin, photographie, cinéma, bande dessinée, arts graphiques, arts numériques), aux arts du son (chansons, musiques instrumentales et vocales) et aux arts du spectacle vivant (danse, théâtre, arts du cirque, marionnettes, etc.). L'école maternelle joue un rôle décisif pour l'accès de tous les enfants à ces univers artistiques ; elle constitue la première étape du parcours d'éducation artistique et culturelle que chacun accomplit durant ses scolarités primaire et secondaire et qui vise l'acquisition d'une culture artistique personnelle, fondée sur des repères communs.

OBJECTIFS VISÉS ET ÉLÉMENTS DE PROGRESSIVITÉ

A. Développer du goût pour les pratiques artistiques

- Les enfants doivent avoir des occasions fréquentes de pratiquer, individuellement et collectivement, dans des situations aux objectifs diversifiés.
  Ils explorent librement, laissent des traces spontanées avec les outils qu'ils choisissent ou que l'enseignant leur propose, dans des espaces et des moments dédiés à ces activités.
  Ils font des essais que les enseignants accueillent positivement. Ils découvrent des matériaux qui suscitent l'exploration de possibilités nouvelles, s'adaptent à une contrainte matérielle.

Tout au long du cycle, ils s'intéressent aux effets produits, aux résultats d'actions et situent ces effets ou résultats par rapport aux intentions qu'ils avaient.

B. Découvrir différentes formes d'expression artistique

- Des rencontres avec différentes formes d'expression artistique sont organisées régulièrement ; dans la classe, les enfants sont confrontés à des œuvres sous forme de reproductions, d'enregistrements, de films ou de captations vidéo.
  La familiarisation avec une dizaine d'œuvres de différentes époques dans différents champs artistiques sur l'ensemble du cycle des apprentissages premiers permet aux enfants de commencer à construire des connaissances qui seront stabilisées ensuite pour constituer progressivement une culture artistique de référence.
  Autant que possible, les enfants sont initiés à la fréquentation d'espaces d'expositions, de salles de cinéma et de spectacles vivants afin qu'ils en comprennent la fonction artistique et sociale et découvrent le plaisir d'être spectateur.

C. Vivre et exprimer des émotions, formuler des choix

- Les enfants apprennent à mettre des mots sur leurs émotions, leurs sentiments, leurs impressions, et peu à peu, à exprimer leurs intentions et évoquer leurs réalisations comme celles des autres.
  L'enseignant les incite à être précis pour comparer, différencier leurs points de vue et ceux des autres, émettre des questionnements ; il les invite à expliciter leurs choix, à formuler ce à quoi ils pensent et à justifier ce qui présente à leurs yeux un intérêt.

3. AGIR, S'EXPRIMER, COMPRENDRE À TRAVERS LES ACTIVITÉS ARTISTIQUES |

LES PRODUCTIONS PLASTIQUES ET VISUELLES

A. Dessiner

- Les enfants doivent disposer de temps pour dessiner librement, dans un espace aménagé où sont disponibles les outils et supports nécessaires. L'enseignant suscite l'expérimentation de différents outils, du crayon à la palette graphique, et favorise les temps d'échange pour comparer les effets produits.
  Il permet aux enfants d'identifier les réponses apportées par des plasticiens, des illustrateurs d'albums, à des problèmes qu'ils se sont posés.
  Il propose des consignes ouvertes qui incitent à la diversité des productions puis à la mutualisation des productions individuelles ; les échanges sur les différentes représentations d'un même objet enrichissent les pratiques et aident à dépasser les stéréotypes.
- Les ébauches ou les premiers dessins sont conservés pour favoriser des comparaisons dans la durée et aider chaque enfant à percevoir ses progrès ; ils peuvent faire l'objet de reprises ou de prolongements.

B. S'exercer au graphisme décoratif

- Tout au long du cycle, les enfants rencontrent des graphismes décoratifs issus de traditions culturelles et d'époques variées.
  Ils constituent des répertoires d'images, de motifs divers où ils puisent pour apprendre à reproduire, assembler, organiser, enchaîner à des

fins créatives, mais aussi transformer et inventer dans des compositions.

L'activité graphique conduite par l'enseignant entraîne à l'exécution de tracés volontaires, à une observation fine et à la discrimination des formes, développe la coordination entre l'œil et la main ainsi qu'une habileté gestuelle diversifiée et adaptée.

Ces acquisitions faciliteront la maîtrise des tracés de l'écriture.

C. Réaliser des compositions plastiques, planes et en volume

- Pour réaliser différentes compositions plastiques, seuls ou en petit groupe, les enfants sont conduits à s'intéresser à la couleur, aux formes et aux volumes.
- Le travail de la couleur s'effectue de manière variée avec les mélanges (à partir des couleurs primaires), les nuances et les camaïeux, les superpositions, les juxtapositions, l'utilisation d'images et de moyens différents (craies, encre, peinture, pigments naturels…).
  Ces expériences s'accompagnent de l'acquisition d'un lexique approprié pour décrire les actions (foncer, éclaircir, épaissir…) ou les effets produits (épais, opaque, transparent…).
- Le travail en volume permet aux enfants d'appréhender des matériaux très différents (argile, bois, béton cellulaire, carton, papier, etc.) ; une consigne présentée comme problème à résoudre transforme la représentation habituelle du matériau utilisé.
  Ce travail favorise la représentation du monde en trois dimensions, la recherche de l'équilibre et de la verticalité.

D. Observer, comprendre et transformer des images

- Les enfants apprennent peu à peu à caractériser les différentes images, fixes ou animées, et leurs fonctions, et à distinguer le réel de sa représentation, afin d'avoir à terme un regard critique sur la multitude d'images auxquelles ils sont confrontés depuis leur plus jeune âge.
- L'observation des œuvres, reproduites ou originales, se mène en relation avec la pratique régulière de productions plastiques et d'échanges. ■

3. AGIR, S'EXPRIMER, COMPRENDRE À TRAVERS LES ACTIVITÉS ARTISTIQUES | LES UNIVERS SONORES

L'objectif de l'école maternelle est d'enrichir les possibilités de création et l'imaginaire musical, personnel et collectif, des enfants, en les confrontant à la diversité des univers musicaux.

Les activités d'écoute et de production sont interdépendantes et participent d'une même dynamique.

A. Jouer avec sa voix et acquérir un répertoire de comptines et de chansons

- Par les usages qu'ils font de leur voix, les enfants construisent les bases de leur future voix d'adulte, parlée et chantée.
  L'école maternelle propose des situations qui leur permettent progressivement d'en découvrir la richesse, les incitent à dépasser les usages courants en les engageant dans une exploration ludique (chuchotements, cris, respirations, bruits, imitations d'animaux ou d'éléments sonores de la vie quotidienne, jeux de hauteur...).

- Les enfants apprennent à chanter en chœur avec des pairs ; l'enseignant prend garde à ne pas réunir un trop grand nombre d'enfants afin de pouvoir travailler sur la précision du chant, de la mélodie, du rythme et des effets musicaux.
  Les enfants acquièrent un répertoire de comptines et de chansons adapté à leur âge, qui s'enrichit au cours de leur scolarité.
  L'enseignant le choisit en puisant, en fonction de ses objectifs, dans la tradition orale enfantine et dans le répertoire d'auteurs contemporains.
  Dans un premier temps, il privilégie les comptines et les chants composés de phrases musicales courtes, à structure simple, adap-

tées aux possibilités vocales des enfants (étendue restreinte, absence de trop grandes difficultés mélodiques et rythmiques).
Il peut ensuite faire appel à des chants un peu plus complexes, notamment sur le plan rythmique.

B. Explorer des instruments, utiliser les sonorités du corps

- Les activités mettant en jeu des instruments et les sonorités du corps participent au plaisir de la découverte de sources sonores variées et sont liées à l'évolution des possibilités gestuelles des enfants.
Des activités d'exploration mobilisent les percussions corporelles, des objets divers parfois empruntés à la vie quotidienne, des instruments de percussion... Elles permettent progressivement aux enfants de maîtriser leurs gestes afin d'en contrôler les effets.
L'utilisation comparée d'instruments simples conduit les enfants à apprécier les effets produits de manière à regrouper les instruments dans des familles (ceux que l'on frappe, que l'on secoue, que l'on frotte, dans lesquels on souffle...).

C. Affiner son écoute

- Les activités d'écoute visent prioritairement à développer la sensibilité, la discrimination et la mémoire auditive.
Elles posent aussi les bases de premières références culturelles et favorisent le développement de l'imaginaire.
Elles sont constitutives des séances consacrées au chant et aux productions sonores avec des instruments.
Les activités d'écoute peuvent faire l'objet de temps spécifiques ritualisés, évolutifs dans leur durée, au cours desquels les enfants découvrent des environnements sonores et des extraits d'œuvres musicales appartenant à différents styles, cultures et époques, choisies par l'enseignant.
L'enseignant privilégie dans un premier temps des extraits caractérisés par des contrastes forts (intensité sonore forte ou faible, tempo lent/rapide, sons graves/aigus, timbres de voix ou d'instruments...) pour ensuite travailler à partir d'œuvres dont les contrastes sont moins marqués.
Les consignes qu'il donne orientent l'attention des enfants de façon à ce qu'ils apprennent à écouter de plus en plus finement. ■

3. AGIR, S'EXPRIMER, COMPRENDRE À TRAVERS LES ACTIVITÉS ARTISTIQUES | LE SPECTACLE VIVANT

Pratiquer quelques activités des arts du spectacle vivant

- Les activités artistiques relevant des arts du spectacle vivant (danse, cirque, mime, théâtre, marionnettes...) sont caractérisées par la mise en jeu du corps et suscitent chez l'enfant de nouvelles sensations et émotions.
  Elles mobilisent et enrichissent son imaginaire en transformant ses façons usuelles d'agir et de se déplacer, en développant un usage du corps éloigné des modalités quotidiennes et fonctionnelles.
  Une pratique de ces activités artistiques adaptée aux jeunes enfants leur permet de mettre ainsi en jeu et en scène une expression poétique du mouvement, d'ouvrir leur regard sur les modes d'expression des autres, sur la manière dont ceux-ci traduisent différemment leur ressenti.

- Au fil des séances, l'enseignant leur propose d'imiter, d'inventer, d'assembler des propositions personnelles ou partagées.
  Il les amène à s'approprier progressivement un espace scénique pour s'inscrire dans une production collective.
  Il les aide à entrer en relation avec les autres, que ce soit lors de rituels de début ou de fin de séance, lors de compositions instantanées au cours desquelles ils improvisent, ou lors d'un moment de production construit avec l'aide d'un adulte et que les enfants mémorisent. Grâce aux temps d'observation et d'échanges avec les autres, les enfants deviennent progressivement des spectateurs actifs et attentifs.

CE QUI EST ATTENDU DES ENFANTS EN FIN D'ÉCOLE MATERNELLE

- **Choisir différents outils, médiums, supports en fonction d'un projet ou d'une consigne et les utiliser en adaptant son geste.**
- **Pratiquer le dessin pour représenter ou illustrer, en étant fidèle au réel ou à un modèle, ou en inventant.**
- **Réaliser une composition personnelle en reproduisant des graphismes. Créer des graphismes nouveaux.**
- **Réaliser des compositions plastiques, seul ou en petit groupe, en choisissant et combinant des matériaux, en réinvestissant des techniques et des procédés.**
- **Avoir mémorisé un répertoire varié de comptines et de chansons et les interpréter de manière expressive.**
- **Jouer avec sa voix pour explorer des variantes de timbre, d'intensité, de hauteur, de nuance.**
- **Repérer et reproduire, corporellement ou avec des instruments, des formules rythmiques simples.**
- **Décrire une image, parler d'un extrait musical et exprimer son ressenti ou sa compréhension en utilisant un vocabulaire adapté.**
- **Proposer des solutions dans des situations de projet, de création, de résolution de problèmes, avec son corps, sa voix ou des objets sonores.**

4. CONSTRUIRE LES PREMIERS OUTILS POUR STRUCTURER SA PENSÉE

4. CONSTRUIRE LES PREMIERS OUTILS POUR STRUCTURER SA PENSÉE | DÉCOUVRIR LES NOMBRES ET LEURS UTILISATIONS

INTRODUCTION

Depuis leur naissance, les enfants ont une intuition des grandeurs qui leur permet de comparer et d'évaluer de manière approximative les longueurs (les tailles), les volumes, mais aussi les collections d'objets divers (« il y en a beaucoup », « pas beaucoup »...). À leur arrivée à l'école maternelle, ils discriminent les petites quantités, un, deux et trois, notamment lorsqu'elles forment des configurations culturellement connues (dominos, dés). Enfin, s'ils savent énoncer les débuts de la suite numérique, cette récitation ne traduit pas une véritable compréhension des quantités et des nombres. L'école maternelle doit conduire progressivement chacun à comprendre que les nombres permettent à la fois d'exprimer des quantités (usage cardinal) et d'exprimer un rang ou un positionnement dans une liste (usage ordinal). Cet apprentissage demande du temps et la confrontation à de nombreuses situations impliquant des activités pré-numériques puis numériques.

OBJECTIFS VISÉS ET ÉLÉMENTS DE PROGRESSIVITÉ

- La construction du nombre s'appuie sur la notion de quantité, sa codification orale et écrite, l'acquisition de la suite orale des nombres et l'usage du dénombrement.
  Chez les jeunes enfants, ces apprentissages se développent en parallèle avant de pouvoir se coordonner : l'enfant peut, par exemple, savoir réciter assez loin la comptine numérique sans savoir l'utiliser pour dénombrer une collection.

- Dans l'apprentissage du nombre à l'école maternelle, il convient de faire construire le nombre pour exprimer les quantités, de stabiliser la connaissance des petits nombres et d'utiliser le nombre comme mémoire de la position.
  L'enseignant favorise le développement très progressif de chacune de ces dimensions pour contribuer à la construction de la notion de nombre.
  Cette construction ne saurait se confondre avec celle de la numération et des opérations qui relèvent des apprentissages de l'école élémentaire.

A. Construire le nombre pour exprimer les quantités

- Comprendre la notion de quantité implique pour l'enfant de concevoir que la quantité n'est pas la caractéristique d'un objet mais d'une collection d'objets (l'enfant doit également comprendre que le nombre sert à mémoriser la quantité).
  L'enfant fait d'abord appel à une estimation perceptive et globale (plus, moins, pareil, beaucoup, pas beaucoup).
  Progressivement, il passe de l'apparence des collections à la prise en compte des quantités.
  La comparaison des collections et la production d'une collection de même cardinal qu'une autre sont des activités essentielles pour l'apprentissage du nombre.
  Le nombre en tant qu'outil de mesure de la quantité est stabilisé quand l'enfant peut l'associer à une collection, quelle qu'en soit la

nature, la taille des éléments et l'espace occupé : cinq permet indistinctement de désigner cinq fourmis, cinq cubes ou cinq éléphants.

- Les trois années de l'école maternelle sont nécessaires et parfois non suffisantes pour stabiliser ces connaissances en veillant à ce que les nombres travaillés soient composés et décomposés.
  La maîtrise de la décomposition des nombres est une condition nécessaire à la construction du nombre.

B. Stabiliser la connaissance des petits nombres

- Au cycle 1, la construction des quantités jusqu'à dix est essentielle.
  Cela n'exclut pas le travail de comparaison sur de grandes collections. La stabilisation de la notion de quantité, par exemple trois, est la capacité à donner, montrer, évaluer ou prendre un, deux ou trois et à composer et décomposer deux et trois.
  Entre 2 et 4 ans, stabiliser la connaissance des petits nombres (jusqu'à cinq) demande des activités nombreuses et variées portant sur la décomposition et recomposition des petites quantités (trois c'est deux et encore un ; un et encore deux ; quatre c'est deux et encore deux ; trois et encore un ; un et encore trois), la reconnaissance et l'observation des constellations du dé, la reconnaissance et l'expression d'une quantité avec les doigts de la main, la correspondance terme à terme avec une collection de cardinal connu.

- L'itération de l'unité (trois c'est deux et encore un) se construit progressivement, et pour chaque nombre. Après 4 ans, les activités de décomposition et recomposition s'exercent sur des quantités jusqu'à dix.

C. Utiliser le nombre pour désigner un rang, une position

- Le nombre permet également de conserver la mémoire du rang d'un élément dans une collection organisée.
  Pour garder en mémoire le rang et la position des objets (troisième perle, cinquième cerceau), les enfants doivent définir un sens de lecture, un sens de parcours, c'est-à-dire donner un ordre.

Cet usage du nombre s'appuie à l'oral sur la connaissance de la comptine numérique et à l'écrit sur celle de l'écriture chiffrée.

D. Construire des premiers savoirs et savoir-faire avec rigueur

ACQUÉRIR LA SUITE ORALE DES MOTS-NOMBRES

- Pour que la suite orale des mots-nombres soit disponible en tant que ressource pour dénombrer, il faut qu'elle soit stable, ordonnée, segmentée et suffisamment longue.
  Elle doit être travaillée pour elle-même et constituer un réservoir de mots ordonnés.
  La connaissance de la suite orale des noms des nombres ne constitue pas l'apprentissage du nombre mais y contribue.

- Avant 4 ans, les premiers éléments de la suite numérique peuvent être mis en place jusqu'à cinq ou six puis progressivement étendus jusqu'à trente en fin de grande section.
  L'apprentissage des comptines numériques favorise notamment la mémorisation de la suite des nombres, la segmentation des mots-nombres en unités linguistiques ; ces acquis permettent de repérer les nombres qui sont avant et après, le suivant et le précédent d'un nombre, de prendre conscience du lien entre l'augmentation ou la diminution d'un élément d'une collection.

ÉCRIRE LES NOMBRES AVEC LES CHIFFRES

- Parallèlement, les enfants rencontrent les nombres écrits notamment dans des activités occasionnelles de la vie de la classe, dans des jeux et au travers d'un premier usage du calendrier.
  Les premières écritures des nombres ne doivent pas être introduites précocement mais progressivement, à partir des besoins de communication dans la résolution de situations concrètes.
  L'apprentissage du tracé des chiffres se fait avec la même rigueur que celui des lettres.
  La progression de la capacité de lecture et d'écriture des nombres s'organise sur le cycle, notamment à partir de quatre ans.
  Le code écrit institutionnel est l'ultime étape de l'apprentissage qui se poursuit au cycle 2.

DÉNOMBRER

- Les activités de dénombrement doivent éviter le comptage-numérotage et faire apparaitre, lors de l'énumération de la collection, que chacun des noms de nombres désigne la quantité qui vient d'être formée (l'enfant doit comprendre que montrer trois doigts, ce n'est pas la même chose que montrer le troisième doigt de la main).
  Ultérieurement, au-delà de cinq, la même attention doit être portée à l'élaboration progressive des quantités et de leurs relations aux nombres sous les différents codes.
  Les enfants doivent comprendre que toute quantité s'obtient en ajoutant un à la quantité précédente (ou en enlevant un à la quantité supérieure) et que sa dénomination s'obtient en avançant de un dans la suite des noms de nombres ou de leur écriture avec des chiffres.

- Pour dénombrer une collection d'objets, l'enfant doit être capable de synchroniser la récitation de la suite des mots-nombres avec le pointage des objets à dénombrer.
  Cette capacité doit être enseignée selon différentes modalités en faisant varier la nature des collections et leur organisation spatiale car les stratégies ne sont pas les mêmes selon que les objets sont déplaçables ou non (mettre dans une boîte, poser sur une autre table), et selon leur disposition (collection organisée dans l'espace ou non, collection organisée-alignée sur une feuille ou pas).

CE QUI EST ATTENDU DES ENFANTS EN FIN D'ÉCOLE MATERNELLE

UTILISER LES NOMBRES

- Évaluer et comparer des collections d'objets avec des procédures numériques ou non numériques.
- Réaliser une collection dont le cardinal est donné. Utiliser le dénombrement pour comparer deux quantités, pour constituer une collection d'une taille donnée ou pour réaliser une collection de quantité égale à la collection proposée.
- Utiliser le nombre pour exprimer la position d'un objet ou d'une personne dans un jeu, dans une situation organisée, sur un rang ou pour comparer des positions.
- Mobiliser des symboles analogiques, verbaux ou écrits, conventionnels ou non conventionnels pour communiquer des informations orales et écrites sur une quantité.

ÉTUDIER LES NOMBRES

- Avoir compris que le cardinal ne change pas si on modifie la disposition spatiale ou la nature des éléments.
- Avoir compris que tout nombre s'obtient en ajoutant un au nombre précédent et que cela correspond à l'ajout d'une unité à la quantité précédente.
- Quantifier des collections jusqu'à dix au moins ; les composer et les décomposer par manipulations effectives puis mentales. Dire combien il faut ajouter ou enlever pour obtenir des quantités ne dépassant pas dix.
- Parler des nombres à l'aide de leur décomposition.
- Dire la suite des nombres jusqu'à trente. Lire les nombres écrits en chiffres jusqu'à dix.

4. CONSTRUIRE LES PREMIERS OUTILS POUR STRUCTURER SA PENSÉE | EXPLORER DES FORMES, DES GRANDEURS, DES SUITES ORGANISÉES

INTRODUCTION

Très tôt, les jeunes enfants discernent intuitivement des formes (carré, triangle...) et des grandeurs (longueur, contenance, masse, aire...). À l'école maternelle, ils construisent des connaissances et des repères sur quelques formes et grandeurs. L'approche des formes planes, des objets de l'espace, des grandeurs, se fait par la manipulation et la coordination d'actions sur des objets. Cette approche est soutenue par le langage : il permet de décrire ces objets et ces actions et favorise l'identification de premières caractéristiques descriptives. Ces connaissances qui resteront limitées constituent une première approche de la géométrie et de la mesure qui seront enseignées aux cycles 2 et 3.

OBJECTIFS VISÉS ET ÉLÉMENTS DE PROGRESSIVITÉ

- Très tôt, les enfants regroupent les objets, soit en fonction de leur aspect, soit en fonction de leur utilisation familière ou de leurs effets. À l'école, ils sont incités à « mettre ensemble ce qui va ensemble » pour comprendre que tout objet peut appartenir à plusieurs catégories et que certains objets ne peuvent pas appartenir à celles-ci.
- Par des observations, des comparaisons, des tris, les enfants sont amenés à mieux distinguer différents types de critères : forme, longueur, masse, contenance essentiellement.

Ils apprennent progressivement à reconnaître, distinguer des solides puis des formes planes.
Ils commencent à appréhender la notion d'alignement qu'ils peuvent aussi expérimenter dans les séances d'activités physiques.
L'enseignant est attentif au fait que l'appréhension des formes planes est plus abstraite que celle des solides et que certains termes prêtent à confusion (carré/cube).
L'enseignant utilise un vocabulaire précis [(cube, boule, pyramide, cylindre, carré, rectangle, triangle, cercle ou disque (à préférer à « rond »)] que les enfants sont entraînés ainsi à comprendre d'abord puis à utiliser à bon escient, mais la manipulation du vocabulaire mathématique n'est pas un objectif de l'école maternelle.

- Par ailleurs, dès la petite section, les enfants sont invités à organiser des suites d'objets en fonction de critères de formes et de couleurs ; les premiers algorithmes qui leur sont proposés sont simples.
Dans les années suivantes, progressivement, ils sont amenés à reconnaître un rythme dans une suite organisée et à continuer cette suite, à inventer des « rythmes » de plus en plus compliqués, à compléter des manques dans une suite organisée. ■

CE QUI EST ATTENDU DES ENFANTS EN FIN D'ÉCOLE MATERNELLE

- **Classer des objets en fonction de caractéristiques liées à leur forme. Savoir nommer quelques formes planes (carré, triangle, cercle ou disque, rectangle) et reconnaître quelques solides (cube, pyramide, boule, cylindre).**
- **Classer ou ranger des objets selon un critère de longueur ou de masse ou de contenance.**
- **Reproduire un assemblage à partir d'un modèle (puzzle, pavage, assemblage de solides).**
- **Reproduire, dessiner des formes planes.**
- **Identifier le principe d'organisation d'un algorithme et poursuivre son application.**

5. EXPLORER LE MONDE

5. EXPLORER LE MONDE

SE REPÉRER DANS LE TEMPS ET L'ESPACE

INTRODUCTION

Dès leur naissance, par leurs activités exploratoires, les enfants perçoivent intuitivement certaines dimensions spatiales et temporelles de leur environnement immédiat. Ces perceptions leur permettent d'acquérir, au sein de leurs milieux de vie, une première série de repères, de développer des attentes et des souvenirs d'un passé récent. Ces connaissances demeurent toutefois implicites et limitées. L'un des objectifs de l'école maternelle est précisément de les amener progressivement à considérer le temps et l'espace comme des dimensions relativement indépendantes des activités en cours, et à commencer à les traiter comme telles. Elle cherche également à les amener à dépasser peu à peu leur propre point de vue et à adopter celui d'autrui.

OBJECTIFS VISÉS ET ÉLÉMENTS DE PROGRESSIVITÉ

A. Le temps

- L'école maternelle vise la construction de repères temporels et la sensibilisation aux durées : temps court (celui d'une activité avec son

avant et son après, journée) et temps long (succession des jours dans la semaine et le mois, succession des saisons).
L'appréhension du temps très long (temps historique) est plus difficile notamment en ce qui concerne la distinction entre passé proche et passé lointain.

STABILISER LES PREMIERS REPÈRES TEMPORELS

- Pour les plus jeunes, les premiers repères temporels sont associés aux activités récurrentes de la vie quotidienne d'où l'importance d'une organisation régulière et de rituels qui marquent les passages d'un moment à un autre.
Ces repères permettent à l'enseignant d'« ancrer » pour les enfants les premiers éléments stables d'une chronologie sommaire et de leur proposer un premier travail d'évocation et d'anticipation en s'appuyant sur des événements proches du moment présent.

INTRODUIRE LES REPÈRES SOCIAUX

- À partir de la moyenne section, les repères sociaux sont introduits et utilisés quotidiennement par les enfants pour déterminer les jours de la semaine, pour préciser les événements de la vie scolaire.
L'enseignant conduit progressivement les enfants à relier entre eux les différents systèmes de repérage, notamment les moments de la journée et les heures pour objectiver les durées et repères utilisés par l'adulte (dans cinq minutes, dans une heure).

CONSOLIDER LA NOTION DE CHRONOLOGIE

- En moyenne section, l'enseignant propose un travail relevant de la construction de la chronologie portant sur des périodes plus larges, notamment la semaine.
Il s'appuie pour ce faire sur des événements vécus, dont le déroulement est perceptible par les enfants et pour lesquels des étapes peuvent être distinguées, ordonnées, reconstituées, complétées.
Les activités réalisées en classe favorisent l'acquisition des marques temporelles dans le langage, notamment pour situer un propos par rapport au moment de la parole (hier, aujourd'hui, maintenant, demain, plus tard...), ou l'utilisation des formes des verbes correspondantes.

L'enseignant crée les conditions pour que les relations temporelles de succession, d'antériorité, de postériorité, de simultanéité puissent être traduites par les formulations verbales adaptées (avant, après, pendant, bien avant, bien après, en même temps, etc.).

- En grande section, des événements choisis en fonction des projets de classe (la disparition des dinosaures, l'apparition de l'écriture...) ou des éléments du patrimoine architectural proche, de la vie des parents et des grands-parents, peuvent être exploités pour mettre en ordre quelques repères communs mais sans souci de prise en compte de la mesure du temps.

SENSIBILISER À LA NOTION DE DURÉE

- La notion de durée commence à se mettre en place vers 4 ans de façon subjective.
  En recourant à des outils et dispositifs qui fournissent une appréciation plus objective, l'enseignant amène les enfants non pas à mesurer le temps à proprement parler, mais à le matérialiser en visualisant son écoulement.
  Ainsi, les sabliers, les enregistrements d'une comptine ou d'une chanson peuvent permettre une première appréhension d'une durée stable donnée ou la comparaison avec une autre.

B. L'espace

FAIRE L'EXPÉRIENCE DE L'ESPACE

- L'expérience de l'espace porte sur l'acquisition de connaissances liées aux déplacements, aux distances et aux repères spatiaux élaborés par les enfants au cours de leurs activités.
  L'enseignant crée les conditions d'une accumulation d'expériences assorties de prises de repères dans l'espace en permettant aux enfants de l'explorer, de le parcourir, d'observer les positions d'éléments fixes ou mobiles, les déplacements de leurs pairs, d'anticiper progressivement leurs propres itinéraires au travers d'échanges langagiers.
  L'enseignant favorise ainsi l'organisation de repères que chacun élabore, par l'action et par le langage, à partir de son propre corps afin d'en construire progressivement une image orientée.

REPRÉSENTER L'ESPACE

- Par l'utilisation et la production de représentations diverses (photos, maquettes, dessins, plans...) et également par les échanges langagiers avec leurs camarades et les adultes, les enfants apprennent à restituer leurs déplacements et à en effectuer à partir de consignes orales comprises et mémorisées.
  Ils établissent alors les relations entre leurs déplacements et les représentations de ceux-ci.
  Le passage aux représentations planes par le biais du dessin les amène à commencer à mettre intuitivement en relation des perceptions en trois dimensions et des codages en deux dimensions faisant appel à certaines formes géométriques (rectangles, carrés, triangles, cercles).
  Ces mises en relations seront plus précisément étudiées à l'école élémentaire, mais elles peuvent déjà être utilisées pour coder des déplacements ou des représentations spatiales.
  De plus, les dessins, comme les textes présentés sur des pages ou les productions graphiques, initient les enfants à se repérer et à s'orienter dans un espace à deux dimensions, celui de la page mais aussi celui des cahiers et des livres.

DÉCOUVRIR DIFFÉRENTS MILIEUX

- L'enseignant conduit les enfants de l'observation de l'environnement proche (la classe, l'école, le quartier...) à la découverte d'espaces moins familiers (campagne, ville, mer, montagne...).
  L'observation des constructions humaines (maisons, commerces, monuments, routes, ponts...) relève du même cheminement. Pour les plus grands, une première approche du paysage comme milieu marqué par l'activité humaine devient possible.
  Ces situations sont autant d'occasions de se questionner, de produire des images (l'appareil photographique numérique est un auxiliaire pertinent), de rechercher des informations, grâce à la médiation du maître, dans des documentaires, sur des sites Internet.
  Cette exploration des milieux permet aussi une initiation concrète à une attitude responsable (respect des lieux, de la vie, connaissance de l'impact de certains comportements sur l'environnement...).

- À partir des expériences vécues à l'école et en dehors de celle-ci par les enfants de la classe et des occasions qu'il provoque, l'enseignant favorise également une première découverte de pays et de cultures pour les ouvrir à la diversité du monde. Cette découverte peut se faire en lien avec une première sensibilisation à la pluralité des langues. ■

CE QUI EST ATTENDU DES ENFANTS EN FIN D'ÉCOLE MATERNELLE

- **Situer des événements vécus les uns par rapport aux autres et en les repérant dans la journée, la semaine, le mois ou une saison.**
- **Ordonner une suite de photographies ou d'images, pour rendre compte d'une situation vécue ou d'un récit fictif entendu, en marquant de manière exacte succession et simultanéité.**
- **Utiliser des marqueurs temporels adaptés (puis, pendant, avant, après...) dans des récits, descriptions ou explications.**
- **Situer des objets par rapport à soi, entre eux, par rapport à des objets repères.**
- **Se situer par rapport à d'autres, par rapport à des objets repères.**
- **Dans un environnement bien connu, réaliser un trajet, un parcours à partir de sa représentation (dessin ou codage).**
- **Élaborer des premiers essais de représentation plane, communicables (construction d'un code commun).**
- **Orienter et utiliser correctement une feuille de papier, un livre ou un autre support d'écrit, en fonction de consignes, d'un but ou d'un projet précis.**
- **Utiliser des marqueurs spatiaux adaptés (devant, derrière, droite, gauche, dessus, dessous...) dans des récits, descriptions ou explications.**

5. EXPLORER LE MONDE

EXPLORER LE MONDE DU VIVANT, DES OBJETS ET DE LA MATIÈRE

INTRODUCTION

À leur entrée à l'école maternelle, les enfants ont déjà des représentations qui leur permettent de prendre des repères dans leur vie quotidienne. Pour les aider à découvrir, organiser et comprendre le monde qui les entoure, l'enseignant propose des activités qui amènent les enfants à observer, formuler des interrogations plus rationnelles, construire des relations entre les phénomènes observés, prévoir des conséquences, identifier des caractéristiques susceptibles d'être catégorisées. Les enfants commencent à comprendre ce qui distingue le vivant du non-vivant ; ils manipulent, fabriquent pour se familiariser avec les objets et la matière.

OBJECTIFS VISÉS ET ÉLÉMENTS DE PROGRESSIVITÉ

A. Découvrir le monde vivant

- L'enseignant conduit les enfants à observer les différentes manifestations de la vie animale et de la vie végétale.
  Ils découvrent le cycle que constituent la naissance, la croissance, la reproduction, le vieillissement, la mort en assurant les soins nécessaires aux élevages et aux plantations dans la classe. Ils identifient, nomment ou regroupent des animaux en fonction de leurs caractéristiques (poils, plumes, écailles...), de leurs modes de déplacements (marche, reptation, vol, nage...), de leurs milieux de vie, etc.
- À travers les activités physiques vécues à l'école, les enfants apprennent à mieux connaître et maîtriser leur corps. Ils comprennent qu'il leur appartient, qu'ils doivent en prendre soin pour se maintenir en forme et favoriser leur bien-être. Ils apprennent à identifier, désigner et nommer les différentes parties du corps.
  Cette éducation à la santé vise l'acquisition de premiers savoirs et savoir-faire relatifs à une hygiène de vie saine.
  Elle intègre une première approche des questions nutritionnelles qui peut être liée à une éducation au goût.
- Les enfants enrichissent et développent leurs aptitudes sensorielles, s'en servent pour distinguer des réalités différentes selon leurs caractéristiques olfactives, gustatives, tactiles, auditives et visuelles.
  Chez les plus grands, il s'agit de comparer, classer ou ordonner ces réalités, les décrire grâce au langage, les catégoriser.
- Enfin, les questions de la protection du vivant et de son environnement sont abordées dans le cadre d'une découverte de différents milieux, par une initiation concrète à une attitude responsable.

B. Explorer la matière

- Une première appréhension du concept de matière est favorisée par l'action directe sur les matériaux dès la petite section.

Les enfants s'exercent régulièrement à des actions variées (transvaser, malaxer, mélanger, transporter, modeler, tailler, couper, morceler, assembler, transformer).
Tout au long du cycle, ils découvrent les effets de leurs actions et ils utilisent quelques matières ou matériaux naturels (l'eau, le bois, la terre, le sable, l'air...) ou fabriqués par l'homme (le papier, le carton, la semoule, le tissu...).

- Les activités qui conduisent à des mélanges, des dissolutions, des transformations mécaniques ou sous l'effet de la chaleur ou du froid permettent progressivement d'approcher quelques propriétés de ces matières et matériaux, quelques aspects de leurs transformations possibles.
Elles sont l'occasion de discussions entre enfants et avec l'enseignant, et permettent de classer, désigner et définir leurs qualités en acquérant le vocabulaire approprié.

C. Utiliser, fabriquer, manipuler des objets

- L'utilisation d'instruments, d'objets variés, d'outils conduit les enfants à développer une série d'habiletés, à manipuler et à découvrir leurs usages.
De la petite à la grande section, les enfants apprennent à relier une action ou le choix d'un outil à l'effet qu'ils veulent obtenir : coller, enfiler, assembler, actionner, boutonner, découper, équilibrer, tenir un outil scripteur, plier, utiliser un gabarit, manipuler une souris d'ordinateur, agir sur une tablette numérique...
Toutes ces actions se complexifient au long du cycle.
Pour atteindre l'objectif qui leur est fixé ou celui qu'ils se donnent, les enfants apprennent à intégrer progressivement la chronologie des tâches requises et à ordonner une suite d'actions ; en grande section, ils sont capables d'utiliser un mode d'emploi ou une fiche de construction illustrés.

- Les montages et démontages dans le cadre des jeux de construction et de la réalisation de maquettes, la fabrication d'objets contribuent à une première découverte du monde technique.

- Les utilisations multiples d'instruments et d'objets sont l'occasion de constater des phénomènes physiques, notamment en utilisant des

instruments d'optique simples (les loupes notamment) ou en agissant avec des ressorts, des aimants, des poulies, des engrenages, des plans inclinés...
Les enfants ont besoin d'agir de nombreuses fois pour constater des régularités qui sont les manifestations des phénomènes physiques qu'ils étudieront beaucoup plus tard (la gravité, l'attraction entre deux pôles aimantés, les effets de la lumière, etc.).

- Tout au long du cycle, les enfants prennent conscience des risques liés à l'usage des objets, notamment dans le cadre de la prévention des accidents domestiques.

D. Utiliser des outils numériques

- Dès leur plus jeune âge, les enfants sont en contact avec les nouvelles technologies. Le rôle de l'école est de leur donner des repères pour en comprendre l'utilité et commencer à les utiliser de manière adaptée (tablette numérique, ordinateur, appareil photo numérique...). Des recherches ciblées, via le réseau Internet, sont effectuées et commentées par l'enseignant.

- Des projets de classe ou d'école induisant des relations avec d'autres enfants favorisent des expériences de communication à distance. L'enseignant évoque avec les enfants l'idée d'un monde en réseau qui peut permettre de parler à d'autres personnes parfois très éloignées. ■

CE QUI EST ATTENDU DES ENFANTS EN FIN D'ÉCOLE MATERNELLE

- Reconnaître les principales étapes du développement d'un animal ou d'un végétal, dans une situation d'observation du réel ou sur une image.
- Connaître les besoins essentiels de quelques animaux et végétaux.
- Situer et nommer les différentes parties du corps humain, sur soi ou sur une représentation.
- Connaître et mettre en œuvre quelques règles d'hygiène corporelle et d'une vie saine.
- Choisir, utiliser et savoir désigner des outils et des matériaux adaptés à une situation, à des actions techniques spécifiques (plier, couper, coller, assembler, actionner...).
- Réaliser des constructions ; construire des maquettes simples en fonction de plans ou d'instructions de montage.
- Utiliser des objets numériques : appareil photo, tablette, ordinateur.
- Prendre en compte les risques de l'environnement familier proche (objets et comportements dangereux, produits toxiques).

FOCUS | Enseigner le vocabulaire et préparation de l'apprentissage de la lecture et de l'écriture à l'école maternelle

PRÉSENTATION GÉNÉRALE

L'enseignement du vocabulaire et la préparation de l'apprentissage de la lecture et de l'écriture sont deux des principaux objectifs de l'école maternelle. À cette fin, les professeurs disposent de deux guides dont des extraits sont proposés ci-après. Les passages soulignés en bleu ont été choisis par l'éditeur.

Le premier guide s'intitule *Pour enseigner le vocabulaire à l'école maternelle* (https://cache.media.eduscol.education.fr/file/maternelle/63/7/Les_mots_de_la_maternelle_1171637.pdf) ; le second *Pour préparer l'apprentissage de la lecture et de l'écriture à l'école maternelle* » (https://cache.media.eduscol.education.fr/file/maternelle/41/4/Guide_phonologie_1172414.pdf).

En outre, en 2019, trois recommandations pédagogiques ont été publiées pour accompagner les professeurs dans leur enseignement :

- L'école maternelle, école du langage (https://www.education.gouv.fr/bo/19/Hebdo22/MENE1915456N.htm?cid_bo=142293)
- Un apprentissage fondamental à l'école maternelle : découvrir les nombres et leurs utilisations (https://www.education.gouv.fr/bo/19/Hebdo22/MENE1915454N.htm?cid_bo=142291)
- Les langues vivantes étrangères à l'école maternelle (https://www.education.gouv.fr/bo/19/Hebdo22/MENE1915455N.htm?cid_bo=142292)

1. POUR ENSEIGNER LE VOCABULAIRE À L'ÉCOLE MATERNELLE

Chaque enfant enrichit son vocabulaire par l'usage et l'échange. Le contexte social et culturel dans lequel se développe l'enfant a donc une grande influence sur son niveau de langue. L'attention portée à son langage, le temps et les aides dont il bénéficie ou non dans sa famille, l'exigence de précision qui lui est demandée pour formuler des situations, ses sentiments ou ses désirs, sont les composantes essentielles de ce contexte. Le rôle de l'École, et singulièrement de l'école maternelle, est d'enrichir le langage de l'élève, de systématiser l'étude du lexique et de la langue, pour développer sa capacité de dire le monde et lutter contre l'inégale maîtrise de la langue par les élèves. L'abaissement de la scolarité obligatoire à 3 ans permet d'agir dès le plus jeune âge.

I. L'APPRENTISSAGE DE LA LANGUE

L'école maternelle doit permettre à chaque enfant de manipuler la langue avec aisance. Pour cela, il est nécessaire d'enrichir le capital lexical du jeune enfant, processus qui relève principalement de la langue orale.

- Le système linguistique propre à chaque langue définit les mots et les règles qui permettent d'ordonner les mots pour transmettre du sens.
- Le bébé découvre que la parole est source d'information sur le monde et utilise très vite cet outil pour catégoriser les objets, comprendre le monde qui l'entoure et exprimer ses désirs.

- La différence de niveau verbal entre enfants s'explique surtout par la qualité du langage auquel ils ont été exposés.
- Les enfants apprennent le sens d'un mot grâce à un processus d'inférence à partir des informations fournies par le contexte linguistique de ce mot. Les mots doivent leur être présentés dans des contextes variés.
- Pour enseigner un mot nouveau à un jeune enfant, il faut capter son attention.
- Deux éléments clés continuent à s'améliorer entre 3 et 6 ans : la mémoire verbale et la syntaxe. L'enfant va passer de la production de courtes phrases en petite section, à la compréhension et à la production de phrases plus longues et complexes à la fin de la grande section.
- Pour qu'un enfant apprenne, il ne doit pas être confronté à trop d'éléments nouveaux à la fois dans l'activité proposée.
- Avec de très jeunes enfants, il faut éviter les messages ambigus et ne pas surestimer leur capacité à comprendre le second degré de la langue ou certaines références culturelles.

II. L'ENSEIGNEMENT DU VOCABULAIRE

L'enseignement du vocabulaire à l'école maternelle a pour finalité de permettre à tous les élèves de s'exprimer à l'aide de phrases complexes et de commencer, dans de bonnes conditions, l'apprentissage de la lecture au CP.

Les démarches les plus efficaces associent un enseignement structuré, régulier et explicite, des situations multiples d'interactions individuelles et collectives ainsi qu'une attention particulière à l'appropriation des mots.

- L'acquisition d'un vocabulaire riche et structuré est essentielle pour tous les élèves. Maîtriser de nombreux mots et leurs usages permet à chaque enfant de s'exprimer plus précisément, de mieux comprendre les énoncés oraux et les textes entendus.
- Le vocabulaire est au cœur des apprentissages langagiers à l'école

maternelle et doit être enseigné explicitement. Au-delà des mots découverts incidemment, un corpus choisi par le professeur doit être construit de manière réfléchie, planifiée et progressive.

- Les séances de vocabulaire s'appuient sur des situations motivantes qui contextualisent les apprentissages et les construisent dans les interactions entre pairs et avec les adultes.
- L'élève est capable d'inférer les significations des mots à partir des contextes dans lesquels ils sont entendus. À l'école maternelle, ce processus est encouragé et explicité par le professeur.
- Ces situations de départ permettront ensuite de concevoir des séances spécifiques où les mots seront réutilisés, comparés et enfin mémorisés.
- Dans le cadre d'un apprentissage répété, qui consiste à répartir selon des intervalles réguliers les rappels des mots nouveaux, le professeur facilite la mémorisation des mots et crée les situations propices à leur réutilisation.
- La récupération a pour fonction de retrouver dans la mémoire à long terme une information parmi toutes celles qui s'y trouvent. Pour augmenter le capital lexical des élèves, le professeur favorise l'accès et la récupération des informations en mémoire.

III. LA MISE EN ŒUVRE DE L'ENSEIGNEMENT DU VOCABULAIRE

Les différentes pistes suivantes permettent de mettre en œuvre un enseignement adapté du vocabulaire et de plonger les enfants dans un «bain de langage» indispensable à leurs progrès. Le professeur peut ainsi varier les stratégies et les outils pour favoriser le processus d'inférence grâce auquel l'enfant comprend le sens des mots. Il dispose également de différentes possibilités pour présenter les corpus de mots et les structurer de façon à en faciliter la mémorisation et la mise en réseau par les élèves.

- La difficulté est inhérente au processus d'apprentissage; le développement langagier du jeune enfant est en devenir.

- Une séquence d'apprentissage peut être conçue en quatre étapes successives :
  - installer l'univers de référence ;
  - rencontrer des mots nouveaux à comprendre et à utiliser ;
  - structurer le vocabulaire en construisant des traces des apprentissages ;
  - réutiliser les mots en situation de production autonome.
- Ces situations permettent au professeur d'observer la progression des élèves en continu, à partir de grilles d'observables préalablement définis.
- Le professeur suit les progrès de ses élèves ; au cours de ses observations, consignées sur des outils spécifiques, il est en mesure de vérifier chez chacun la stabilité des acquis dans le temps.
- Le professeur sollicite les partenaires spécialisés lorsque des difficultés persistantes sont manifestes.

2. POUR PRÉPARER L'APPRENTISSAGE DE LA LECTURE ET DE L'ÉCRITURE À L'ÉCOLE MATERNELLE

Dès l'école maternelle, l'élève doit développer des habiletés langagières et cognitives pour entrer efficacement dans l'apprentissage de la lecture et de l'écriture au moment où cet enseignement formel lui sera dispensé au cours préparatoire.

Une solide conscience phonologique, la connaissance des lettres et la connaissance du principe alphabétique sont des prédicteurs de la réussite ultérieure en lecture-écriture. Ce guide[1] accorde donc une place centrale à ces sujets ainsi qu'aux essais d'écriture. Pour se préparer à apprendre à lire et à écrire, l'élève doit prendre conscience que le langage qu'il entend est composé d'éléments (mots, syllabes, phonèmes) qui peuvent être isolés (I). Il découvre que ces éléments sont représentés à l'écrit par des lettres qui lui permettent de percevoir l'importance des marques morphologiques qui ne s'entendent pas à l'oral (II). Ce cheminement doit prendre sa juste place dans l'ensemble des apprentissages prévus par les programmes de l'école maternelle.

1 « Pour préparer l'apprentissage de la lecture et de l'écriture à l'école maternelle » (https://cache.media.eduscol.education.fr/file/maternelle/41/4/Guide_phonologie_1172414.pdf)

I. DÉVELOPPER LES HABILETÉS PHONOLOGIQUES

Dès la petite section de l'école maternelle, le travail mené vise à développer la sensibilisation des élèves aux différents sons de la langue française ; ils jouent et se familiarisent avec les sonorités de la langue orale. En moyenne et grande section, cet apprentissage fait l'objet d'un travail régulier et systématique: par la manipulation de syllabes, de rimes et des premières correspondances lettre-son, les élèves apprennent à opérer une analyse phonologique des unités de langage proposées et prennent ainsi conscience des phonèmes.

- La conscience phonémique, la lecture et l'écriture sont étroitement liées : le développement de la conscience phonémique favorise l'entrée dans l'apprentissage de la lecture-écriture.
- L'entraînement à la conscience phonologique, qui se centre sur les unités de traitement des sons de parole (syllabe, rime, phonème) et leur manipulation, se distingue de l'entraînement à la conscience phonémique qui se centre sur la relation graphème-phonème.
- La conscience phonémique s'acquiert progressivement.
- Les entraînements de manipulation phonémique et de mise en lien des graphèmes avec les phonèmes sont les plus pertinents pour entrer dans l'apprentissage de la lecture et l'écriture.
- Les entraînements phonémiques sont plus efficaces quand ils portent sur le lien oral-écrit (lettres-sons, par exemple), comparativement aux entraînements effectués uniquement à l'oral ou avec des supports visuels comme des images.
- La manipulation de phonèmes sans support écrit est un exercice très difficile : les lecteurs ont tendance à mobiliser leurs connaissances de l'écrit pour réaliser des exercices de conscience phonémique.

II. DE L'ORAL À L'ÉCRIT : VERS LA DÉCOUVERTE DU PRINCIPE ALPHABÉTIQUE

Cette seconde partie insiste sur l'apprentissage des lettres dans leurs différentes composantes (nom, forme et son). Le travail autour de la lettre (rapports nom/son de la lettre et sa graphie) constitue un enjeu essentiel à l'école maternelle. La recherche souligne en effet l'importance de la connaissance des lettres et de son caractère prédictif pour la réussite des apprentissages en lecture et en écriture à l'école élémentaire.

- Les activités visant la connaissance du nom des lettres constituent une première approche du principe alphabétique. Elles installent chez l'élève des procédures de décodage et d'encodage constitutives des processus de lecture et d'écriture de mots.
- Une approche multi-sensorielle favorise l'apprentissage des lettres : les modalités haptiques et graphomotrices, couplées aux exercices phonologiques, aident à la compréhension du principe alphabétique et à son utilisation.
- L'activité d'essais d'écriture constitue un excellent stimulateur à utiliser précocement pour que l'élève accède au principe alphabétique. Les performances dans ce domaine sont liées à celles observées en lecture-écriture à l'école élémentaire.
- La valorisation des essais d'écriture favorise le développement des habiletés nécessaires à la compréhension du système alphabétique.

Glossaire

Une partie des définitions ci-après sont extraites du guide *Pour préparer l'apprentissage de la lecture et de l'écriture à l'école maternelle* (https://cache.media.eduscol.education.fr/file/maternelle/41/4/Guide_phonologie_1172414.pdf)

- Algorithme : ensemble de règles ou d'actions qui permettent de résoudre un calcul ou un problème.
- Comptine numérique : suite des nombres à l'oral.
- Conscience phonologique : capacité à percevoir, à découper et à manipuler de façon intentionnelle les unités sonores d'un mot (syllabe, phonème).
- Consonnes occlusives : consonnes dont la prononciation entraîne un blocage de l'air (par exemple [p]).
- Écriture cursive : écriture manuscrite liant les lettres entre elles.
- Écriture script : écriture qui ne lie pas les lettres entre elles.
- Forme canonique : forme qui est conforme à la norme et aux règles.
- Graphème : lettre ou groupe de lettres qui transcrit un phonème.
- Inférence : processus par lequel on reconnaît une proposition à partir d'autres éléments (par exemple : reconnaître le sens d'un mot inconnu à partir d'informations d'un texte).

- Nombre cardinal : nombre qui désigne une quantité (par exemple «trois» pour «trois chats»).
- Nombre ordinal : nombre qui désigne un ordre (par exemple le premier, le deuxième, le troisième, etc.).
- Phonème : plus petite unité sonore du langage oral représentée par une lettre ou par un groupe de lettres. Exemple : la lettre f correspond au phonème /f/, qui se prononce « ffff ». Il existe 36 phonèmes qui permettent de prononcer les mots de la langue française.
- Principe alphabétique : système selon lequel les mots écrits sont composés de lettres qui marquent les unités linguistiques, les phonèmes.
- Syllabe : unité de la langue qui se prononce en une seule émission de voix. Exemple : « cadeau » = « ca » et « deau ».

Table

Mise en page : Edita, Tours

FSC
www.fsc.org
MIXTE
Papier issu
de sources
responsables
FSC® C123930

Achevé d'imprimer par Normandie Roto Impression s.a.s.
61250 Lonrai
N° d'édition : 4211/01 - N° d'impression : 2001477
Dépôt légal : août 2020

Imprimé en France